生命教育——倫理與科學

Life Education: Ethics and Science

鈕則誠◎著

「生命教育二書」序

《生命教育——倫理與科學》及《生命教育——學理與體驗》兩本書的各篇文章，是我過去十年間偶然涉足生命教育的雪泥鴻爪。如今承蒙揚智文化事業公司結集出版，首先要表示誠摯的感謝。謝謝出版界、文化界的朋友，讓我意外擁有自己的「生命教育二書」。

1993 年我在當時的銘傳管理學院負責規劃全校通識教育課程，由於學校主管和同仁大多認為商管學生的專業倫理與個人修養很重要，於是開會決定將「應用倫理學」一科，列為全校必選通識課程。為此學校還在原有兩名哲學教師之外，再增聘兩位哲學博士加入陣容。此一政策總共執行了三年方功成身退，改為開放選修。但是就在這三年間，我們四個「應用哲學工作者」，的確全心投入這份實驗性的教研任務。近年我才體察到，原來我們過去所做的努力，可以名之為「倫理教育取向的生命教育」，而與「生死教育取向的生命教育」相提並論。

當年一起在銘傳播撒哲學種子的同道，有兩人先後轉往中南部的南華管理學院服務，那便是戚國雄教授和我。1996至 1999 這三年間的南華雖然名為管理學院，卻在一位人文學者龔鵬程教授的領導下，辦成一所充滿人文氣息的精緻大學。戚教授和我有幸身處其中，分掌哲學研究所與生死學研

究所，得以進一步推廣上述兩種取向的生命教育。

緣起緣滅，聚散無常，南華的人文學者後來也各奔西東。戚教授去到東北部的佛光人文社會學院，掌理哲學系所，以「應用哲學」在全臺獨樹一幟。我則返回北部的銘傳，在教育研究所中繼續播種。最近經由張淑美教授來函，方得知高雄師範大學教育學系，已於本學年度正式設立「生命教育碩士在職專班」。此一教研單位堪稱全臺首創，的確值得寄予厚望。

「生死學」與「生命教育」的說法，在臺灣分別出現於十年前與六年前，並且蔚為流行，如今則已產生「光環效果」，人人稱道卻不明究竟。揚智為我結集出版的「生命教育二書」，大體上屬於我個人在「生死教育取向的生命教育」園地中一點耕耘後的收穫。它們分別以學術論文集和實務論文暨雜文集的面貌呈現，希望有助於「臺灣的生命教育」正本清源與推陳出新。

除了這兩本書以外，我已答應為揚智撰寫一本應用哲學觀點的生死教育專書，預定一年後完成。近年來我的教研方向乃是融會貫通「西方的死亡教育」與「臺灣的生命教育」，從而開發出一套「華人的生死教育」。但願有興趣的朋友一起來合作。祝福大家！

鈕則誠

目　錄

引言：五十自述
——我的哲學生活故事（1973－2003）

起：我的哲學實踐

有人說學了哲學會變怪，我卻認爲有些人本來就怪才會去學哲學。我們那個時代許多人愛讀王尚義的書。他是個學醫的哲學家，我還記得他那句名言：「醫學和哲學是一條線上的兩個極端。」我也曾想學醫，專攻精神醫學，來治療自己的顛倒夢想。學醫不成而去學哲學，多少受了他那句話的影響。

我是個好讀書不求甚解的人，心浮氣躁，注意力不易集中，至今猶然。高中時期唸了五年才考上大學（1968－1973）。這五年間，我不是空想追求生命的意義，便是妄想反攻大陸。前者是猛讀「新潮文庫」後的執著，後者則是看見大學生保釣上街頭時的衝動。在反攻大陸無望的情況下，我只好反攻聯考。碰上第一年電腦閱卷，交卷前我隨手擦掉一個答案，結果竟擦掉一個志願，而與輔大教心系失之交臂，就這麼進了哲學系。我嚮往「存在先於本質」的境界，卻被教授口中的「地水火風」搞得頭腦空空，只好躲到課堂後面一角伏案讀雜書，從此展開我的「自學方案」。

哲學系頭一年除了爲聯繫校際活動而被警總盯上照相蒐證，以及談了一場來去匆匆的戀愛外，幾乎乏善可陳。後來我才知道，1973 年初發生臺大哲學系事件，校際串聯之事極

為敏感。下學期我想轉系，又因為國文差一分，再度跟教心系擦身而過。正愁不知何去何從，學校開始實施輔系制度。當同學們為了前途紛紛選讀語文和商科，我卻把對生命意義的追求，轉向對生命奧秘的探索，填選生物系為輔系。結果公布時，全校只有我一人選生物系。外國神父系主任好心讓我隨班附讀，我就這麼一腳踏進自然科學世界。

生命現象極其複雜，科學家為了馭繁於簡，採取化約（reduction）的探究模式，因此我從生物學修到化學，再到物理學和微積分。這種「實事求是，無徵不信」的學問工夫，在一次連續作了十個鐘頭有機化學實驗後，讓我望而卻步，決定打退堂鼓，安心做個玄想的哲學弟子。雖然後來還是修完輔系，也只不過是畢業證書上多了一行註記而已。

大學是一座知識寶庫，令我為之神往。既然哲學可以自學，科學淺嘗即止，那麼介乎哲學與科學之間的心理學，也許有些新鮮之處。於是我又抽空到教心系選課。那時選了一門「生理心理學」，讀來甚有心得，從而對「神經科學」（neuroscience）產生興趣。雖然我無心真正投身做科學，卻選擇走科學哲學的路，不知是否補償心理作祟？碩士論文題目為《自我與頭腦》，研究科學哲學家 Karl Popper 與神經科學家 John Eccles 共同提出的「三元世界」（three worlds）理論。後來看見美國有人煞有介事地研究「神經哲學」

（neurophilosophy），才覺得心裡踏實些。

我唸哲學跟前途事業毫無關聯，純粹好奇心使然。高中時生吞活剝一大堆道理，進了大學卻完全不管用。因為我的心早已不是 Locke 筆下的白板（tabula rasa），而是滿布著亂塗鴉。學哲學對我而言很辛苦，是我必須先擦掉再寫上去。我壓根兒沒想到哲學會一路唸到底，到了大四跟學妹談戀愛，發現唯一可以留下來陪她的法子是考研究所。這帶給我極大的學習動機，果真一舉考上碩士班。

我在輔大哲研所碩士班的十名同學中，有兩人是物理系畢業生，其中一人便是傅大為（現為清大歷史所科技史組教授）。在他們的激勵下，我發心展開知識大旅行，融科學與人文於一爐，進行科學哲學研究。那年頭（1977－1979）科學哲學在臺灣還是冷門的邊緣分支，被主流哲學界視為不務正業，科學家更看不上眼。Charles Snow 所指的科學與人文「兩種文化」（two cultures）割裂現象，在臺灣的學術教育界隨處可見。我一個勁兒要談什麼「科際整合」，到頭來只落得無人聞問。

那時代研究所畢業可以直接當預官，受訓時還有機會考軍校教官。我想教書總比打野外輕鬆，便去報名考教官。我弄了一篇領袖訓詞上臺試教，看來頗得臺下政戰官歡心，得以順利考上陸軍化學兵學校文史教官，任教相當於高職生的

常備士官班國文課。這是我踏上講臺當老師之始，未料到以後竟以此爲業。

化校大多爲化學兵預官，我意外地跟一群未來的科學家朝夕相處一年多，受到他們的薰習，在知識上收穫頗豐。我在那兒認識楊永正（現爲陽明生化所教授），他對我的科學哲學極感興趣，我則對他爲學做人的嚴謹態度佩服不已。2001 年夏天，我製作空中大學教學節目「生死學」，還請他上電視大談基因與生死。

當年化校有一奇特現象，就是考托福和 GRE 的週末上午要停課，因爲預官們大多請公假去考試。我身處其間不甘寂寞也躍躍欲試，跟同事借了幾卷托福錄音帶來聽上幾回，便隨他們報名參加考試，打算出國改行唸心理學，一解我的未竟之憾。退伍後我還真的到美國讀了一學期心理系，但是因爲專業科目修得不夠多，學生顧問叫我去大學部補課。她開出一張課表給我，要我補齊再回去。印象深刻的一件事，是我拿哲學系成績單問她一門叫「哲學心理學」的課可否抵免？她的回答則是以「哲學並非科學」拒絕我。

那年頭輔大有一種「畢業生返校選讀」的制度，校友可以回來依興趣選課。我算算學分費比美國便宜許多，買張飛機票回臺都划得來，所以我選擇回來一邊賺錢一邊補課。因爲課程有擋修，我花了兩年才補齊（1982－1984）。當時輔

大教心系已改名應心系，有一門由王震武教授開的「實驗心理學」，正課加實驗共占八學分，堪稱「科學心理學」的典型，讓我這哲學出身的人大開眼界。不過到頭來我還是維持對科學哲學的興趣，放棄做科學家的努力。

那年我放棄了可以想見的漫長留學之路，轉而投考母校哲研所博士班。系主任見我回來很高興，答應考上後讓我到夜間部兼課。結果我如願當上大學講師，並且全力以赴，只花了三年半便取得博士學位（1984－1988）。在其間我繼續走科學哲學的路，這時候老同學傅大爲已學成歸國，並與王道還、程樹德合譯 Thomas Kuhn 的名著《科學革命的結構》，此書對我研究 Karl Popper 的哲學思想甚有助益。自從我走上科哲的道路，就十分欣賞 Popper 的清晰理路和簡明文字。我的博士論文《宇宙與人生》，即是探討 Popper 的常識實在論（common sense realism）與科學人本主義（scientific humanism）。

拿到哲學的「哲學博士」（Ph. D.），出路似乎只有一條，那便是教書。我於 1988 年初畢業，過完年外出找工作，竟意外占了個便宜，因爲很少有人在這時候謀教職的。不久我這個土博士就應聘爲面臨改制的銘傳商專副教授。我在銘傳頭三年的哲學實踐，是教五專國文和三專國父思想。我努力在一大群女生面前，以熱心教學來實踐牟宗三先生「哲學

即生活」的真諦，但學術研究卻表現得無以爲繼、一片空白。

承：與護理學相遇

1991 年我的哲學生活故事中出現兩椿奇遇，形成日後的重大轉折。銘傳於前一年改制爲管理學院後，我就以共同科目教師的身分編入資管系。由於具有專門博士學位的師資青黃不接，我這個教共同課的老師竟被委以代理系主任之職，而且一代就是兩年。既然擔任系主任，也該同資訊或管理沾上點邊，學校便好意推薦我去在職進修。於是三十八歲的我，頂著系主任的頭銜，以四比一的錄取比例，甄試進入政大企研所，進修完全陌生的科技管理。

這是一種 MBA 學程的學分班，主要是讓公民營事業的科技主管瞭解組織管理，學會如何做個中高階經理人。我以三年半時間（1991－1995），自費修習四十四個企管碩士學分，雖然沒有取得學位，僅獲頒一張結業證書，但絕對值回票價，因爲知識世界又多爲我開了一扇門。記得結業前，所長賴士葆還說要破格讓我去考博士班哩！

回想我從人文學領域的哲學到自然科學領域的生物學，再到社會科學領域的心理學和管理學，一路撈過界地進行知識大旅行，的確好不自在！對我而言，既然前科學的哲學

（pre-scientific philosophy）幾乎無所不包，那麼後科學的哲學（post-scientific philosophy）又何必劃地自限？「劃地自限，自圓其說」乃是十七世紀科學革命後新興學科的發展策略，方法則是使用術語或人工語言。像牛頓使用類似微分學的「流數」來研究「自然哲學」，就逐漸讓傳統哲學家不得其門而入。心理學以 1879 年 Wundt 創立實驗室為斷代，標幟出「科學心理學」的大旗，與哲學劃清界限，不也是一樣的道理嗎？

我的博雜學習，在 1991 年還面臨另一次偶然際遇，讓我有機會通過「自學方案」，開創了個人學術生涯中一片新天地。說它改變了我的後半生也不為過。那年我在銘傳正處於學術斷層，只因為地利之便，被同事介紹到當時的臺北護專去兼課，講授人生哲學。在這以前，我對護理人員的刻板印象，只有南丁格爾和白衣天使，根本不知道護理學同哲學還有多方交集。

當我正為三年寫不出一篇論文而焦慮時，護專的學報編輯卻向我邀稿。我記得那是一個風和日麗的暖冬中午，我吃過飯便踏進護專圖書館去找靈感，居然發現護理也在談論現象學（phenomenology）。原來這是一本討論護理研究（nursing research）的方法學（methodology）問題的書；屬於哲學的現象學，乃是指導護理研究的方法學之一。

　　我第一次接觸到現象學，是在大四時聽陸達誠神父講授「存在主義」的課堂上。當時輔大的特色是洋溢著許多歐陸思想，不讓英美哲學專美於前。我最喜歡陸神父的一句話，便是「主體際的溝通」。後來我受到 Popper 的影響，把現象學視為主觀主義（subjectivism）的代表，認為它與自己追求客觀知識的學術路線不甚相應。不過我還是通過文獻考察和概念分析，寫了一篇討論護理科學的研究途徑中，有關「實證──經驗取向」與「現象學──詮釋學取向」彼此爭議的論文，登在護專的學報上。這可說是我的獨立研究之始。

　　此篇論文後來得到國科會甲種研究獎勵，予我很大信心，乃再接再厲，投身其中，竟有一發不可收拾之勢。在這五年間（1991－1996），我圍繞著護理的哲學議題，一共寫出十二篇論文，受到主流學術界的肯定，連續三年得到甲種獎勵（1993－1995）。論文後來結集成為兩本專書，我便以其中一本《護理學哲學》為代表作，送審順利通過，於 1997 年初升等為正教授，此時距我取得博士學位剛好滿九年。升等也許是我在科學哲學上長期努力的結果，但是其中的活水源頭卻是女性主義（feminism）。

　　護理是一門專業實務，從業人員百分之九十七為女性，學者當然也以女性居多。護理學和女性學是極少數相當看重本身知識學（epistemology）基礎的學科。知識學又稱知識論

或認識論（theory of knowledge），是哲學的五大分支之一，其餘四科爲理則學或邏輯（logic）、形上學（metaphysics）、倫理學（ethics）及美學（esthetics）。哲學探究的目的，用最簡單的話說，即是追求真、善、美。知識學關心知識與真理的性質，在哲學內原本以嚴謹、抽象著稱，從古代的 Aristotle 到當代的 Popper，皆強調客觀知識的重要。如今護理學同女性學卻宣稱這種觀點屬於男性偏見，她們要求凸顯主觀知識的價值，因爲如此方有利於護理專業與女人「主體性」的建立。

平心而論，我從一個客觀知識研究者的立場，想要契入主觀知識的奧義，一開始的確有些困難。記得我閱讀的第一篇女性主義文章，是科學哲學家 Sandra Harding 的〈女性主義，科學與反啓蒙批判〉中譯，刊登在《島嶼邊緣》第二期（1992.1）。那篇文章我一共讀了三遍，才勉強摸出頭緒來。然而一旦讀通，就真正感到海闊天空。我想這便是 Kuhn 所謂「典範轉移」（paradigm shift）的心路歷程罷！

此後當我採用女性主義的視角，去解讀一些涉及哲學的護理文獻時，便感到無比地貼切適應。不過進一步深入反思，我的心路歷程其實乃是更宏觀的動態辯證之一環。我不是科學家，卻發現護理科學家在從事研究時，所面臨的方法學與知識學爭議，提供了我所進行的科學哲學探究相當豐富

的素材。這種情形予我有機會充分反思個人哲學生活故事，
察覺自己在經驗到與護理學相遇時的喜樂。但我懷疑一切仍
不脫男性觀點。我無法完全揮別男性意識，只能期待從男女
之間的主體際溝通中，去提昇人本主義的真諦。

　　在我看來，人本主義是異中求同，女性主義則是同中存
異，彼此參照，便得以辯證地揚昇。為了要尋找一處實踐的
場域，我嘗試用自己的「哲學生活故事」，去跟太太的「藝
術生活故事」對話。由於我的生命情調主要追求「真」，而
太太的首要考慮卻是「美」，兩人的價值觀曾經一度扞格，
但在十八年來的嘗試錯誤（trial and error）下，終究形成互補
互利的雙贏局面。

　　以女性主義和人本主義來考察護理專業，我看見護理學
家是從治療（cure）和照護（care）的對照上，發現醫療專業
與護理專業的差異性，並進一步策略性地加以凸顯。她們援
引 Carol Gilligan 以及 Nel Noddings 的關懷倫理學（care
ethics），來建構護理科學和護理倫理。這容或與心理學的情
況有所出入。護理學具有強烈的應用特質，理論研究是為專
業實務奠基。心理學則自 Wundt 建立實驗室開始，便朝向嚴
謹科學的大道邁進。我手邊有一冊 1983 年出版的《柏克萊加
州大學概況》，其中心理系介紹中特別強調，該系主要是對
動物與人類行為進行經驗性研究（empirical research）和理論

分析，因此建議對人本心理、輔導諮商等熱門話題（popular topics）感興趣的人，去申請其他學校。這不免使我想起早年輔大教心系主任呂漁亭神父的天問：「心理學為什麼不研究心？」

　　從心理學史看，心理學在美國無疑是顯學，二十世紀中葉以前呈現「行為主義」（behaviorism）稱霸一方的局面。五〇年代受到冷戰影響，學界發展出「行為科學」（behavioral science）一辭，用以取代「社會科學」（social science），希望跟「社會主義」（socialism）劃清界限，以免被視為共產黨的同路人。心理學、社會學、人類學三者，因為分屬探究個體、群體、文化等行為現象的學科，儼然成為行為科學的核心。

　　事實上早在十九世紀中葉，Fechner 和 Wundt 這些「科學心理學」的鼻祖，就已經嘗試把心理學同物理學或生理學等量齊觀，同時跟哲學劃清界限。像哈佛及臺大成立心理系時，都是從哲學系分出去的；前者的心理系還留在「文理學院」裡，後者則完全文理分家。如今心理學與哲學僅存的一絲淵源，或許可見於杜威圖書分類法裡的藕斷絲連。沒想到科學心理學風起雲湧一個多世紀後，竟然在應用領域中，又發現與哲學接壤之處。其中的歷史公案，的確耐人尋味。

　　本土心理學家從知識生產與社會實踐中反思及主體性和

主體際對話的必要，讓行為科學向人心靠攏，的確予我的科學哲學觀點大有啟發。十年前我在護理學內與女性主義相遇，如今更在女性主義、人本主義、存在主義的心理學論述中，聽到心理學與哲學的豐富對話，這可說是自己三十年知識大旅行所見的難得盛景。

轉：尋找發言位置

然而我在 1997 年以前，終究是一個人踽踽獨行。正如半世紀前唐君毅先生眼見兩岸分治，對儒學命脈的傳承，曾有「花果飄零，靈根自植」一嘆。當前得以順利「安身立命」的各學門主流學者專家，也許很難觀察到一種頗值得玩味的學術生態現象，那便是「正宗」哲學博士到處「花果飄零」的邊緣處境。這說穿了其實就是供需失衡的結果。

臺灣學術市場中，每年都會湧進不少專攻哲學的博士，土洋雜陳。哲學原本就具有強烈理論導向，不似心理學尚可開拓一方「應用」園地，派生出許多中游科系。哲學博士唯有進入哲學系任教方能安身立命，問題是僧多粥少，剩下只有各憑本事去「靈根自植」了。十五年前我拿到學位時，便是這番景象。

1988 年初我三度自輔大哲學系畢業，成為系上培養出來的第二十一名博士，並且「血統純正」。無奈許多學長姐早

已在母系安身，我只好向外發展，此時「純種」的身分反而礙事。我因是寒假畢業，系主任好意引介我去香港能仁書院哲學研究所任教。書院院長自香港飛來臺北，與我相談甚歡。我甚至上街去買了兩卷廣東話錄音帶，準備惡補一陣然後跨海謀生去。那時我已成家，而香港那邊的住房問題卻遲遲沒有解決，令我裹足不前。恰好銘傳為了改制，需增聘具有博士學位的師資，很誠意地在四月中就把聘書發給我。工作既然有了著落，我便決定放棄去香港的哲學專業系所當學者，而留在臺灣當專科學校教員。

我始終相信「哲學即生活」。在銘傳九年間，我的哲學生活故事可說多采多姿。「主體性」碰到臺灣專上學校轉型擴充的契機，還真有那麼一點「靈根自植」的味道。一如前述，我當過兩年代理系主任，因為職務需要，到政大企研所去在職進修三年半，從而對社會科學的「敘事」手法逐漸熟悉，也能加以操作。意外多學會了一門專長，後來甚至據此到專科學校謀生，講授「管理心理學」、「行銷管理」等課。此事聽起來有點扯，不過環諸現今所實施的中小學九年一貫課程，以「統整」為名，讓老師在領域內甚至領域間跨界演出，不也是「窮則變，變則通」的權宜之計嗎？

兩年代理系主任因為後繼有人而功成身退，轉進新成立的系級單位「共同學科」。這時總算讓一群語文、史哲、法

政的教師有了棲身之地，不必到處寄人籬下。當時各校紛紛成立共同科，多少象徵著相對於專門教育的通識教育主體性之彰顯。臺灣各大學施行通識教育始於 1984 年，爲了餵飽各校大學生至少八個營養學分，竟然神奇地養活了不少哲學博士。當時銘傳即有四名哲學教師，爲全校上萬學生開授哲學相關課程。開通識課有三個訣竅，一是時段要好，二是名稱要妙，三是善待學生，如此久之口耳相傳，便能「生生不息」。如今學生是消費者，教師爲服務業，一旦開課乏人問津，輕則減薪，重則解聘，有誰敢拿自己前途開玩笑？

爲了出奇制勝，推陳出新，我絞盡腦汁年年開新課。1993 年中，旅美哲學家傅偉勳教授在臺灣出版《死亡的尊嚴與生命的尊嚴》一書，蔚爲暢銷。書中引介西方的「死亡學」（thanatology），並拈出「生死學」一辭。由於生死學在社會上逐漸流行，我便建議將之引進通識課程，自己披掛上陣，出生入死海闊天空一番，令學生耳目一新。

成爲暢銷書作家後，罹患癌症的傅偉勳教授即經常來臺現身說法。他與當時東吳哲學系主任趙玲玲教授爲故交，我因在東吳兼課，每逢主任作東爲傅教授接風與送行，我便與之把酒言歡，進而逐漸熟識。傅教授爲豪邁性情中人，喜好杯中物，晚年大談生死學，正是其哲學生活故事之體現。有回我告知自己正在推廣生死學，他甚表欣慰。1996 年中剛放

暑假時，我們在中研院開會相遇，他說那幾天正在爲南華管理學院成立生死學研究所撰寫計畫書，準備提送教育部。一週後，兩人又在美國洛杉磯西來大學另一處研討會上重逢。我在研討會上發表了一篇討論醫護人員生死教育的論文，他還用心加以評論。這是我最後一次看見傅教授，三個月後他就大去往生了。

1997 年初，另一次奇妙際遇寫進我的哲學生活故事裡。南華校長龔鵬程教授以電話相約，我便開了三個半小時的車前往嘉義大林。龔校長拿出一份生死所籌設計畫給我看，並謂這是傅教授生前所擬，已獲教育部原則通過准予籌設，但是必須按照審查意見加以改善方准招生。校長囑我把計畫帶回家去作功課，按照審查意見一一回覆，同時也指示數點，希望我將計畫大幅修正，以符合實際需要。我見計畫中自己名列師資陣容，預備開授的課程且爲「醫學倫理學」，始恍然大悟。原來半年前與傅教授一夕之談，他便將我列爲生死所儲備師資。

我對傅教授和龔校長的知遇心存感激，乃利用年假在家中重擬一份七千字的設所計畫書，於年後面陳校長。他似乎頗爲滿意，當即請人製作一張聘書，聘我爲生死所籌備主任。龔校長的爽快作風，令我受寵若驚。往後三個月，我每週往返北嘉一回，參與新所籌備，同時籌設的還有其他五

所。四月下旬，教育部通過我的修訂計畫，准予生死所招生，這表示八月確定可以掛牌正式開辦。龔校長又是爽快發給專任教師聘書，請我出任首任所長，這時距我初任大學專職正好九年。九年間我曾爲自己的學術慧命，不斷地尋找適當的發言位置，以接續書寫更精彩的哲學生活故事。嘉義鄉下一間精緻的學院，提供了我轉換跑道的機會。

生死學在西方的根源爲死亡學，主要是行爲科學和精神醫學的擅場。移植到臺灣來以後，則賦予較多的哲學及宗教成分，社會大衆且多以之與怪力亂神聯想在一道。我第一次應邀上電視，便是現身於靈異節目中。錄影當天，更有八卦雜誌記者前來插花採訪。不過我心目中的生死學，乃是針對每一個「存在主體」，進行「生物／心理／社會／倫理／靈性」（bio／psycho／social／ethical／spiritual）一體五面向的探究。理想上應該面面俱顧，無所偏廢。

生死所一上來即辦得有聲有色，大體上拜兩件事之賜：教育改革呼聲中推動的生命教育，以及殯葬改革政策下配套的殯葬教育；尤其是後者。因爲我們要求學生去殯儀館實習，事情上了報紙及電視，一時暴得大名，卻免不了盛名之累。平心而論，生死學乃是一套爲實務活動奠基的統整性學問知識，至少包括生死教育、生死輔導、生死關懷、生死管理等四方面。不過術業畢竟有所專攻，我這個哲學出身的人

文學者，面對上百名來自心理、輔導、社工、法律、教育、醫學、護理等社會科學及健康科學領域的研究生，在知識生產的實際過程中，要尋求對話交集，的確不是一件容易的事。

我在嘉義縣市前後住了四年（1997－2001），換了兩所學校任教，從碩士班教到五專、二專，目的始終是希望在生死教育和生死管理兩種實務當中，找到延續自己哲學生活故事主體性的發言位置，進而尋求與其他主體交流對話。然而當我發現主觀條件與客觀形勢已經逐漸背道而馳，便毅然放下一切，回返熟悉的臺北，重新展開我的知識大旅行。

合：主體性的建構

我視「生死」的真諦主要在於安頓「生活與臨終」（living and dying），而非僅止於檢視「生命與死亡」（life and death）。因此我心目中的生死教育，即是通過主動地、前瞻地對死亡相關事物加以考察，再回頭落實生存、安頓生活、彰顯生命的歷程。這與目前政府在各級學校所推動的生命教育，可謂異曲同工、殊途同歸。

根據前任教育部長曾志朗在 2000 年中宣布成立「推動生命教育委員會」時的說明，生命教育主要分為人際關係、倫理、生死學、宗教、殯葬禮儀等五大課題。自此以後，臺灣

推動生命教育的學者專家，便逐漸形成倫理教育、生死教育、宗教教育三種取向。這些取向多少都具有跨越學科壁壘的科際整合特質，在大學裡適於經由通識教育管道推廣普及。這其實正是九年前我在銘傳開始講授生死學所做的努力。

2001 年中，我離開落腳四年的嘉義縣市，回到曾經住過四十四年的臺北大都會，繼續在當下的歷史及社會文化脈絡中，動態辯證地展開我的主體性之建構。在老東家的關心探詢下，我決定重返銘傳。此時它已擴充為綜合大學，擁有七大學院、三座校區。雖然學校沒有哲學系或生死所，我卻有幸列為教育研究所暨教育學程中心師資，以講授「教育哲學」和「生命教育」等課程，重新尋得安身立命之所繫。

自從二十歲一腳踏進深奧的哲學殿堂，展開我的哲學生活故事，便經歷了一連串的波動。在知識的瀚海與人事的逐流中，我不斷載沉載浮，起起落落，如今可說悟出一種心情和一份堅持。在邁入人生五十大關的當兒，我逐漸體認到「不以物喜，不以己悲」的心情沉澱，也更肯定「道不同，不相為謀」的事業堅持。當上教授最大好處便是無後顧之憂，做起學問和寫起文章來更能海闊天空。三十年來，我努力維繫做一個「頭腦複雜，心思單純」（殷海光語）的人，生活體驗告訴我，身處邊緣位置較能如願。我慶幸自己從未

進入主流，反倒不停尋找邊緣，甘做另類。

回首三十載學思歷程，男生唸文科是另類、在哲學系搞科哲是另類、拿土博士是另類、教商專是另類、寫護理論文升等是另類、推廣生死教育和管理是另類，如今歸屬於教育研究所以及新成立的教育心理與輔導系依然是另類。想到自己當年差一個志願未考上教心系，後來差一分未轉入教心系，如今卻當起教心系教授來了，不禁百感交集。

我當然清楚臺灣學術界仍舊講求專業分工，不贊成撈過界之舉。不過我始終相信哲學跟心理學、教育學等學科淵源深厚，而像生死學這類跨領域學科也已應運而生，壁壘分明的時代已經逐漸過去。我這三十年不斷撈過界，一方面固然是個人好奇心使然，一方面卻又受惠於生命中此起彼落的諸多偶然因緣。這的確令我深覺必須向周遭相識與不識的人表示感激之意。

我對三十年的哲學生命流轉，多少有些體悟和感慨，如今把它們寫下來，正是嘗試去建構時空脈絡下的主體性。我好讀書卻不求甚解，無意間走上當學者的途徑，這回是頭一次寫文章反身而誠。回顧我所選擇的邊緣另類生存位置，竟不斷牽引著個人學術生涯諸多境況。我發現自己正在一連串「偶然與必然」（chance and necessity）交織的歷史及社會文化脈絡中，有意無意地建構著自己的主體性。

　　我專任教職前後十五年，一直浮沉於撰寫論文、申請研究案、參加研討會的遊戲規則中。也許是個性使然，我從「詩意的」哲學出發，逐漸涉入「邏輯的」哲學泥淖，一陷三十載，近年始見心境的轉向。回想高中、大學時，我還算半個「文藝青年」，編校刊、寫文章、演話劇，樣樣都來。進入研究所以後，就只會寫學問文章了。有時伏案獨思，不禁悵然若失。

　　2000 年初，一位老朋友到報社當編輯，主編婦女版，邀請我寫專欄。久違文藝的我一時興起，嘗試用感性筆觸去書寫生活故事，一連寫了一整年，至報紙改版為止。文章寫過便忘了，卻被慈濟功德會的師兄看中，有意替我結集出版。我一口氣答應以稿相贈，由他們列為善書流傳，取名《心靈會客室》，兩年來已刊行十萬冊，發行量著實驚人。我個人將此書視為「生命教育」手冊，用來從事師資培育工作。我目前在師資培育大學講授生命教育相關課程，正是寄望從推動中小學教師生命教育，來落實中小學生命教育。

　　此念為煩惱，轉念即是菩提。想起我在重考大學前，心中充滿焦慮。加上一位來不及重考而去當兵的同學，因為讀了《自卑與超越》的前半部，竟選擇臥軌解脫，更讓我終日惶惶，不知生命意義何在？看見我的顛倒夢想，好心同學介紹我去臺大心輔中心接受諮商。當時我的諮商員是一位臺大

心理系博士生，如今已成爲系主任，即是吳英璋教授。他很慎重地告知我「有精神分裂的傾向」，希望我寬心自處。聽了他的話，我反而有些釋然，當下決心通過閱讀來進行自我治療。

很慶幸我讀到林語堂的《生活的藝術》，他在扉頁引用了明清之際作家張潮的智慧小語：「能閒世人之所忙者，方能忙世人之所閒。」令我頓覺豁然開朗，乃發心唸哲學或心理學，自我實現一番。我經常於無意間從別人的字裡行間讀到雋永智慧，予我精神上極大鼓舞，我在此表示深深的敬意與謝意。這次第又怎一個「謝」字了得？只能祝福所有的「主體」：日日是好日！

做為生命教育核心議題的
生命倫理學

　　本篇所探究的是生命教育核心議題之一的生命倫理學（bioethics）。 "Bioethics" 由兩個字組成， "bio-" 是指生物、生命， "biology" 即是生物學； "ethics" 為倫理學，屬於哲學的分支。生命倫理學所探討的，乃是與人類及動物生命、生活、生存攸關的道德抉擇（moral decisions）問題。它並非超越時空的道德教訓，而是無逃於天地之間的倫理反思與實踐。

　　生命倫理學觸碰到生、老、病、死諸層面，主要涉及人在面對這些層面的存在情境（existential situation）。德國哲學家海德格（Martin Heidegger, 1883-1969）形容人是一種「步向死亡的存有」（being-towards-death）。雖然人終不免孤獨地步向死亡，但是如今大多數人的死亡處所都在醫院中，於是生命倫理學就不免跟醫學倫理學（medical ethics）有所關聯。

　　尤有甚者，現代人的生老病死無不與衛生保健醫療機構息息相關，難怪有些學者要把醫學倫理學與生命倫理學視為同義語（Veatch, 1997: 6），或者使用一個統括生物科學、醫學、衛生保健的簡化名稱「生物醫學倫理學」（biomedical ethics）（Beauchamp & Childress, 1994: 4）。筆者在本篇中也是取其廣義解釋，即把生命倫理學、醫學倫理學、生物醫學倫理學視為一脈相通的概念。

西方生命倫理學的發展

一、歷史演變

（一）1970 年以前

生命倫理學與現代科技一樣，是西方文明的產物。它大致興起於 1960 年代末期的美國，是一種運用倫理學方法，通過科際整合方式，對生命科學和衛生保健領域中的道德構面（dimensions），包括與道德有關的觀察、抉擇、行為、政策等，所進行的系統性研究（Jonsen, 1998: vii）。當時美國社會正處於百花齊放、百家爭鳴的時刻，革命情勢一片大好。在民權運動、女權運動、環保運動、反戰運動一致風起雲湧的時代裡，學術界也展開了對倫理理論咬文嚼字抽象研究的反動，重新強調倫理學對生活的規範作用（Callahan, 1998: 65）。

西方學界經常拿「生命倫理學」與「醫學倫理學」一辭交互使用，只是前者較後者涵蓋的範圍為廣，尚包括醫學以外的生物科技研究產生的倫理問題（Veatch, 1997: 6）。事實上，擁有悠久歷史與傳統的醫學倫理學，算得上是生命倫理學的先輩。傳統的醫學倫理學多談醫療道德，可以上溯到古

希臘的〈醫師誓言〉（Hippocratic Oath）（Beauchamp, 1997: 186）。

（二）1970 年以後

「醫學倫理學」一辭，最早出現於英國醫師 Thomas Percival 在 1803 年所出版的同名論著上（Jonsen, 1998: 7）。「生命倫理學」則遲至 1970 年由美國生物學家 Van Rensselaer Potter 所創，他定義自己新創的辭彙爲「一門結合生物學知識和人類價值系統知識的新學問」（Jonsen, 1998: 27）。不久道德神學家 Warren Reich 便開始編纂《生命倫理學百科全書》，初版及二版分別於 1978 年及 1995 年問世。他在初版中定義生命倫理學爲「醫學與生物科學的倫理構面」。不過象徵生命倫理學已正式爲人們所普遍接受而成爲一門獨立學科（a full discipline）的里程碑，乃是美國國會圖書館於 1974 年將它單獨列爲一項檢索條目（Jonsen, 1998: 27）。

到了 1990 年代，生命倫理學面臨後現代主義運動的衝擊以致出現危機，既有的合理性、標準性，以及規範性權威全都受到挑戰。爲回應來自平等主義（egalitarianism）和多元文化主義（multiculturalism）的質疑，學者嘗試返回古希臘哲學去找尋智慧啓蒙，從而拈出道德行動知識（phronesis）來重構生命倫理學（Thomasma, 2000: 67-72）。這意味著生

命倫理學重新回到實踐（praxis）的懷抱（Flyvbjerg, 1993: 13-14）。

二、內涵考察

（一）醫學倫理學

　　生命倫理學既然是醫學與生物科學的倫理構面，則其內容可分為醫學倫理學與生物科技倫理學（biological ethics）兩方面。醫學倫理學源遠流長，從一開始就關心醫病關係和知情同意（informed consent）等議題，這是屬於醫療道德的實踐。至於涉及醫療專業的議題，由於二十世紀中葉以降科技上的突破，造成以人為主的臨床醫療（bedside medicine）逐漸轉向以病為主的化約式科學（reductionistic sciences）（Murphy, Butzow, & Suarez-Murias, 1997: ix），醫學倫理也更指向專技性事物，例如，基因治療、生殖技術、器官移植等。

　　現今的醫學倫理學可說是醫德學（medial morality）加上生物醫學倫理學的組合。它們包含了一些重要的衛生保健尖銳議題，有待我們由生到死、從個體到群體去加以分析（Monagle & Thomasma, 1988: xix）。通常醫學倫理學至少要考察生育控制、精神醫學、老年醫學、臨終關懷、資源分配、衛生政策等問題，使用的方法為哲學思辨及推理，而非

經驗性探究。

（二）生物科技倫理學

　　由於當代醫學的發展受到生物科技研究增益不少，生命
倫理學在臨床醫學倫理學之外，更涵蓋了生物科技倫理學，
也就是針對生物科技研究所產生的倫理問題進行哲學分析。
目前最受矚目的便是基因倫理學。由美國政府主導，全球參
與的「人類基因體計畫」（the Human Genome Project），試
圖全面解讀人類細胞染色體上總數三萬個基因的三十億個密
碼，藉此瞭解身體的功能和生命的奧秘。為瞭解決其中的倫
理爭議，主事者規定至少需要有百分之三的預算用於此
（Watson,1992: 172-3）。正是這種大手筆作風，使得生物科
技倫理學備受矚目。

　　生物科技倫理學當然不止於基因倫理學，其他非直接關
涉臨床治療的重要議題，如避孕、墮胎、複製、試管嬰兒、
器官捐贈、人體實驗、動物實驗等，加上前述醫學倫理議
題，在在對傳統的倫理道德教訓造成強烈衝擊。哲學家
Stephen Toulmin 於 1982 年發表一篇名為〈醫學如何挽救了倫
理學的命脈〉的論文，對此一趨勢作了極佳註腳（Hoffmaster,
1993: 366-367）。而最廣義的生命倫理學，尚包括以生態學
為核心思考的環境倫理學（Kuhse & Singer, 1999: 1）。甚至
可以納入以性別學（gender studies）為基礎的性倫理學

（sexual ethics）（Belliotti, 1993: 1-11）。

三、開展方向

（一）學院生命倫理學

西方生命倫理學的出現已超過三十年，由於生物醫學科技發展的影響遍及社會各層面，包括醫學倫理學、生物科技倫理學，甚至環境倫理學（environmental ethics）在內的生命倫理學，已經形成兩大開展方向：學院生命倫理學（scholastic bioethics）和專業生命倫理學（specialistic bioethics）；前者多為大學內教學與研究的學者，後者則為受僱於政府或任職於醫療機構的專家。在美國，這兩大族群加起來人數眾多，足以構成一個穩定發展的專業共同體。有些歐洲先進國家亦有類似的情況，臺灣則相去甚遠，可說尚未完全起步。

學院生命倫理學的成型，即是將之建構為一門獨門學科（a full discipline）。要達此目的，必須建構起生命倫理學的理論、原則及方法，同時也需要一套學科標準、檢驗判準和教學規範。還有更重要的，就是它必須為整個學術界所接受（Jonsen, 1998: 325-342）。一旦學科成型，便會衍生出它的社會影響力。美國生命倫理學的重大發展階段之一，乃是跟法學的結合，由此開出生命倫理法學（bioethical jurisprudence ），逐漸使得生命倫理學蔚爲一門專業（Jonsen,1998: 342-344 ）。

（二）專業生命倫理學

倫理學原本屬於哲學的分支，傳統的倫理學者大多爲哲學學者身分，在學院中從事教學與研究工作，久之不免陷入咬文嚼字、曲高和寡的窘境。當哲學家自己提出「醫學挽救了倫理學的命脈」的說法（Toulmin, 1982: 736-750 ），即爲倫理學提示了改弦更張的可能。倫理學者先是把關心的議題從純粹倫理學（pure ethics）或後設倫理學（metaethics）轉向應用倫理學（applied ethics），進而從與醫療專業的對話中，發展出一群擁有醫學及倫理學雙重背景和訓練的專業「生命倫理師」（bioethicists）。

生命倫理師是一門新興專業，他們可以像臨床心理師、社會工作師、律師等專業人員一樣，任職於大型醫院中，成爲醫療團隊的一分子，接受專業性的諮詢，以協助作成臨床決策（clinical decision-making），或是成爲政府顧問委員會的一員。

以團隊方式作成臨床決策，大多是組成醫院倫理委員會（hospital ethics committees），這類委員會最早是因爲要決定讓那些病人洗腎，而在 1960 年成立於西雅圖一家醫院中。至於最早的官方組織，則爲 1978 年成立的美國醫學與生物行

為研究倫理問題總統顧問委員會（the President's Commission for the Study of Ethical Problems in Medicine and Medical and Biobehavioral Research）（Ross, Baylel, Michel, & Pugh, 1993: 4-6）。

生命倫理學的範圍、方法、問題

一、涵蓋範圍

生命倫理學是一門科際學科（ interdisciplinary discipline），它所涵蓋的學問包括自然科學（生物學、醫學等）、社會科學（政治學、法律學等）、人文學科（哲學、宗教學等）。雖然生命倫理學形成之初，關心的是人類生存和改善生活品質等問題，但後來逐漸轉變為處理醫療、生物、環境、人口等方面道德問題的學科，其所用以做為學理基礎的則是哲學、宗教方面的人文學術觀點，即是以人文學術向自然與社會科學知識整合（Callahan, 1998: 66-67）。

由於生命倫理學中的人文學術成分較重，所以有學者把它和人文學（humanities）統合成一體（one field），目的是為了改善人類處境（ human condition ）（ Kopelman, 1998: 356-358）。把醫學倫理學、衛生保健倫理學、環境倫理學、

研究倫理學、醫學哲學、醫學文學都納入「生命倫理學與人文學」中，Kopelman（1998: 366）揭櫫了十五項中心議題：

• 有關健康、疾病、生病、殘障的概念。
• 死亡與臨終：死亡的判準、定義與意義；持續治療、預立指示（advance directives）、醫師協助自殺、安樂死。
• 遺傳測試、篩檢和新技術。
• 自主活動與自我決定的能力。
• 人的位格（personhood）、日漸衰弱的人，以及生命品質。
• 全球的與環境的衛生。
• 生殖和母親與胎兒的關係，包括墮胎。
• 為無行為能力者作決定。
• 研究設計、臨床檢測、研究者與其對象的關係、當前研究綱領、國際合作研究等。
• 醫藥衛生研究中的隱私和保密。
• 專業職責、價值、目標、規章、誓言和盟約。
• 專業關係中的忠實、真誠和信任。
• 對有或無行為能力者進行研究與治療時的知情同意。
• 健康科學中的說明、確證和決策的模式。
• 衛生保健的資源配置、照護管理和服務提供。

從這十五項生命倫理學的中心議題中,我們大體可以看出它的涵蓋範圍雖然相當廣泛,卻也充分扣緊了人在面對現代生命科學和醫藥科技的處境。尤有甚者,它也針對科學家的專業倫理進行檢討,讓科技接受人文批判。

二、研究方法

生命倫理學是一門西方學問,它的兩個組成部分——生命科學和倫理學——都源自久遠的西方傳統,尤其可以上溯到一位偉大的希臘哲學家亞里斯多德(Aristotle, 384-322 B. C.),他也被公認為生物學的先驅。亞里斯多德在他的倫理學著作中把知識分為三種:"episteme"是抽象科學知識、"techne"是實用技藝知識、"phronesis"是道德行動知識,道德行動知識的目的為實踐(Flyvbjerg, 1993: 13-14)。

同樣以實踐為主調的生命倫理學和環境倫理學及企業倫理學(business ethics),共同構成較廣泛的應用倫理學三大環節。應用倫理學中有所謂原則主義(principlism)和脈絡主義(contextualism)(Winkler & Coombs, 1993: 4-6)。這種爭論早在宗教倫理學中出現(Lustig, 1998: 452)。

原則主義是指將少數放諸四海皆準的基本倫理原則,套用在實際人類情境上以解決問題。脈絡主義是指處理實際案例時必須考慮其歷史、社會、文化因素,不可輕易套用倫理

原則。這兩種主義留在後面再討論，倒是應用倫理學者提出一些行動知識方法（phronesis-like method）用以付諸實踐，值得生命倫理學參考。

Flyvbjerg（1993: 20-22）歸結出十一項應用倫理學的方法學綱領（methodological guidelines），可視為在從事生命倫理學研究時需要注意的要點：

- 價值（values）—— 增強個人和社會的價值活動能力以平衡工具理性。

- 權力（power）—— 避免倫理思想中的任意主義和理想主義氾濫。

- 貼近（closeness）—— 研究者藉著貼近對象以方便取得第一手現場資料。

- 微察（minutiae）—— 儘可能注意細微末節以見微知著發掘大問題。

- 實際（practices）—— 把焦點放在日常生活情境中實際活動的人與事。

- 活例（concrete cases）—— 利用具體鮮活的例證以作出深入的推理與判斷。

- 脈絡（context）—— 把實際例證放進適當時空脈絡中考察以利詮釋。

- 手段（how-questions）—— 通過對事件的形成過程以

瞭解其結果和目的。

· 敘事（narrative / history）——從個人生活史的角色和
事件敘事中揭示意義。

· 結構（actor / structure）——把生活史的角色放進結構
中以避免判成兩橛。

· 對話（dialogue）——通過公共對話而非相信科學權威
以促進信任。

從這十一項綱領中，我們可以深切領略生命倫理學的後
現代狀況（postmodern condition），那便是有容乃大，而非
定於一尊。亦即個案導向（case-driven），而非理論導向
（theory-driven）（Arras, 1994: 388）。

三、基本問題

生命倫理學的出現，受到 1960 年代西方世界的科技發展
與文化發展，相當直接而深遠地影響。那個年代的科技發展
包括腎析技術、器官移植、安全墮胎、避孕藥、孕期診斷、
加護病房、人工呼吸器、遺傳工程等。此外 Rachel Carson 的
名著《寂靜的春天》（*Silent Spring*）在 1962 年出版，也為
生態環境保育開創新紀元。

而那個年代的文化發展大事則包括民權運動和女權運動

興起，挑戰了傳統的種族主義和性別主義。個人主義興起，挑戰了傳統的階級主義，並使得許多社會體制，如家庭、教會、學校等有所轉型。此外與生死學息息相關的死亡教育和安寧療護，也是 60 年代的產物。生命倫理學在 70 年代初期應運而生，可視爲對這種巨大社會變遷的重要反應。

Callahan（1998: 65-67）歸結出生命倫理學在面對如此巨大社會變遷時，產生了五大基本問題和兩大任務。這五大基本問題爲：

- 我們如何因應這種史無前例的醫藥、技術和文化變遷所帶來的道德困境？
- 誰應該對新技術加以有效控制？
- 醫療科技進步為人類所帶來的利益如何合理分配？
- 人類有哪些德行或特性最足以導引我們善用新技術？
- 有哪些制度、法律或規範足以管理不斷變化的道德型式？

在面對這五大基本問題時，生命倫理學家用心反思，找出自己責無旁貸的兩大任務：

- 向既有的科學與醫學訓練所教導的信念挑戰。這種信念認為，作出好的醫療決策，就等於作出好的道德決策。

‧發展一套處理新的道德難題的良方。

上述科學與醫學訓練中的既有信念，來自十九世紀後期的實證主義（positivism）。實證主義主張科學事實與道德價值可以清楚分判，前者屬於客觀真理，後者歸爲主觀感受。順著此一思路走下去，很容易把道德問題化約到醫療問題中，認爲是無關痛癢的個人事情。後現代生命倫理學在實證主義風行百年後，正試圖抹去裁定事實與價值尊卑的界線，代之以科際整合的進路以解決問題，並深切瞭解到這種努力絕非一勞永逸，而是必須隨時推陳出新。

生命倫理學的後設觀點

一、原則主義生命倫理學

原則主義生命倫理學顧名思義即是自傳統規範倫理學（normative ethics）內提示一些基本原則，用以規範生物醫學實務中的道德抉擇。最常被提到的生命倫理爲自律（autonomy）、無傷（nonmaleficence）、增益（beneficence）、正義（justice），Beauchamp 和 Childress（1994: 37-38）稱之爲四群（clusters）道德原則。

規範倫理學是針對人類行爲加以規範，Childress（1997:

32）指出，人的行爲活動可以分爲四方面：原因（agent）、行動（acts）、目的（ends）和結果（consequences），傳統上有四類倫理理論，分別強調這四方面：

- 美德論（virtue theories）—— 如果出發點表現爲美德即屬好的行爲。
- 義務論（deontological theories）—— 行爲本身即已蘊含對與錯的固有性質。
- 目的論（teleological theories）—— 行爲的對錯端視其目的而決定。
- 後果論（consequentialist theories）—— 行爲的對錯端視其結果而決定。

各種道德抉擇得以被證立（justified）的順序爲：個別判斷（particular judgments）、規定（rules）、原則、倫理理論。由此可知較低層次的生命倫理原則，是被最高層次的傳統倫理理論所證立。Beauchamp 和 Childress（1994: 14-17）稱這種證立關係爲演繹主義模式（deductivism）。

必須說明的是，四群道德原則和傳統四類倫理理論只有證立關係，沒有對照關係。事實上當前的倫理理論至少有九類之多（Beauchamp & Childress, 1994: 44-119），而傳統醫學倫理學也只注重無傷和增益原則。自律與正義原則受到生

命倫理學的重視，乃是相當晚近的發展。以下對這四群基本原則略作說明。

自律原則尊重患者的自主能力和自律，原本比起其他三群原則，在醫療界是最微不足道的。但是隨著消費者時代的到來，以及對人權的重視，像讓患者知情同意這般起碼條件，已成為自律原則的範例。

無傷原則強調儘量避免對患者造成傷害，它和增益原則甚至可以追溯至古希臘的〈醫師誓言〉。今日的生前預囑（living will）和預立指示可視為此一原則的運用。

增益原則是無傷原則的進一步發揮，醫療活動除了不對患者造成傷害外，更要造福其身心，例如，積極推廣自殺防治。但增益原則卻可能造成醫療上的家長主義（paternalism），而與自律原則衝突。

正義原則牽涉到醫療資源的合理公平分配問題，具體化的表現即在維繫人們接受衛生保健照顧的基本權利，如我們的全民健保便是一例。

二、脈絡主義生命倫理學

與原則主義相對的是脈絡主義生命倫理學，這種觀點反對由上而下的原則套用，注重的是用比較個案分析法（the method of comparative case analysis）去針對一時一地個案的

具體複雜情狀加以詮釋（Winkler & Coombs, 1993: 4）。在基督教倫理學中也有類似的爭議，Gustafson（1996: 69-102）認為問題癥結在於論述層次（levels of discourse）的混淆。而Beauchamp 和 Childress（1994: 14-28）更為他們的原則主義辯解，把脈絡主義視為由下而上的歸納主義（inductivism）模式，並強調自己走的是執中道而行無所偏廢的統合主義（coherentism）模式。

　　究竟強調原則或看重脈絡必然會衝突嗎？Carse（1998: 154-166）舉出照顧的公平性（impartiality of care）之難以確認，用以凸顯單一道德證立觀點難以立足，並呼籲要重視差異（attention to differences）。Beauchamp 和 Childress（1994: 85-88）把這種分析歸入關懷倫理學（ethics of care），視為像女性主義一般不同的聲音（a different voice）。在他們的分類中，更像脈絡主義的應該是源自傳統的論辯法（casuistry）。

　　論辯法是一種發展於中世紀的思維方法，原先是把一些宗教上的倫理教訓落實在特定道德情境中，乍看之下很像套用原則。但是因為它後來走向宗教懷疑主義（skepticism），並且不斷著眼於個別案例，使其在當代呈現出大幅反轉，成為個案導向方法（Arras, 1994: 387-388）。

　　新論辯法（new casuistry）走的是基於個案推理（case-based reasoning）路線，Arras（1994: 398）對此提出五項建議：

- 儘量使用真實例證，而非假設案例。
- 儘量使個案如實呈現，勿忽略細節部分，並讓一些看似不甚相關的人物如護士、社工人員等出現其中。
- 儘量提出個案各種可能的複雜結果，以訓練參與者的類比推理技術。
- 讓參與者投入「道德診斷」過程中。
- 注意論辯分析的限制，並輔之以其他批判性的社會分析，同時揭露出權力的無所不在。

這些建議相當中肯，尤其是最後一項，在後現代生命倫理學中最為重要。McGrath（1998: 517-529）以實例顯示理性原則用於個案的不足，據此表示後現代生命倫理反思應走向另類（alternative）路線，將後現代觀念如論述，權力等納入考量。

三、女性主義生命倫理學

近年來生命倫理學另類論述中，最引人矚目的便是女性主義。大興於 1960 年代的女性主義，原本係針對百餘年來人類三大偏見——階級主義、種族主義、性別主義——中的性

別主義而發。其後也把矛頭指向其他偏見，像關注醫師與護士間的尊卑貴賤，以及為少數民族女性爭取權益等。即是把三大偏見視為共犯結構，而加以全面反擊。

後現代生命倫理學注意到生命科學研究和醫藥科技中的權力問題。McCullough（1999a: 4-10）指出，十八世紀的解剖學與生理學和二十世紀的分子生物學，兩次為醫療活動賦予了智識權威（intellectual authority），使醫師獲得凌駕病人的權力。當然這種權力的掌握，也讓絕大多數為女性的護理人員屈從。

女性主義倫理學和後現代生命倫理學的共通之點，即在彼此都看重道德抉擇的時空脈絡。這種看重脈絡的態度，強調個案處理、因人而異，據此反對套用普遍的原則和規定（Sherwin, 1992: 18-21）。也許有人會問：倫理學若是因人而異，還有什麼倫理可談？這種相信倫理有「理」可談的看法無可厚非，但認為此「理」一體通用的信念卻讓學者質疑。至少女性主義就主張女男有別，她們發現目前通行的倫理學其實含有性別主義偏見，於是強烈要求改革。

Warren（1992: 32-43）揭示了女性主義生命倫理學四個範疇的道德問題及例證：

　・不平等——例如，人工受孕者必須是已婚的異性戀女性。

- 具有性別偏見的職業角色——例如，醫師和護士分別由男女擔任。
- 個人議題——例如，大力推廣公眾的愛滋篩檢卻疏於處理個人的安全性愛。
- 不涉及權力傾軋的關係議題——例如，不願墮胎的女性將嬰兒予人收養。

他並建議學院派生命倫理學，應注意女性主義所重視的三項主題：多樣性（diversity）、關係、生活體驗。

女性主義不止是體制內的雜音，更是體制外不同的聲音，Wolf（1996: 21-28）指出女性主義與其他觀點生命倫理學根本不同之處：

- 對象——把醫師、其他衛生保健人員、病患、家屬等角色之間的關係重新定位。
- 知識學（epistemology）——對既有倫理學中的「共通道德」（common morality）假定有所質疑並予以突破。
- 分析方法——向「人原本就具有普遍性和公平性」的觀點挑戰，強調經驗主義和對生活體驗的關注。

由此可見女性主義的用心並不止於釐清問題，而是更希望改善現狀、消除壓迫（eliminating oppression）（Sherwin,

1996: 62）。畢竟公平正義不是與生俱來，而是必須奮力爭取的。

生命倫理學的類型

由於生命倫理學所面對論題的多樣性，無法一概而論，Callahan（1998: 67-69）便將之再細分為四種，即理論的（theoretical）、臨床的（clinical）、統整與政策的（regulatory and policy），以及文化的（cultural）生命倫理學。

一、理論生命倫理學

理論生命倫理學為生命倫理學建立智識基礎（intellectual foundations），需要把生命科學的歷史與內容同哲學及宗教觀點結合起來看問題。

但是由於生命科學、醫藥科技和人文知識，在現今崇尚專業化的學術園地中皆各自發展，這種科技與人文的結合其實相當困難。對此科學家的建議是，兩組人馬先坐下來好好開三天會（three-day symposium），以尋求對話的契機，然後再持續進行跨學科的科際研究（interdisciplinary studies）（Murphy, Butzow, & Suarez-Murias, 1997: 390-393）。

　　從事科際研究並非易事。兼有醫師和哲學家身分的 Engelhardt（1996: 122）提出允諾原則（principle of permission），用以支持在後現代世界道德崩解（moral fragmentation）情況下，樹立一套世俗生命倫理學（secular bioethics）。在他看來，這個多變紛亂的世界中，理性論證和感性說服已經派不上用場，訴諸武力則爲大家不樂見，剩下只有彼此退讓尋求勉強同意一途了（Engelhardt, 1996: 67-68）。

　　連夠資格的學者自科際研究中得到的結論，尚且如此不確定，我們到底應如何突破困境？Aulisio（1998: 435-437）指出上述觀點的不足之處。他嘗試把世俗生命倫理學，放回各種生命倫理難題所發生的社會脈絡裡去，希望自其偶發情狀（contingent features of the context）中找到相應的（relevant）解決方案。

　　問題似乎又回到原點：生命倫理學的理論基礎是訴諸原則主義？還是強調脈絡主義？但這並非二選一的兩難，而是可以有某種程度的兼容並蓄。Winkler（1993: 360-364）認爲，看重脈絡並不必然要否定道德原則的規範力量。有些道德抉擇情境是十分直接明白的，在此講究原則並不爲過。用倫理理論、道德原則、共同規定來證立個別判斷，並非目的而是過程（process）。我們一方面不忽略個別道德判斷的特

定脈絡，一方面也可以把個案拆解成許多次級道德情境，試著用原則去說明、證立。

總而言之，理論生命倫理學並不排斥理論，但也並非對理論堅信不疑；是通過理論考察，而非框限個案。像女性主義用具體社會實踐去顛覆理論可信度，正是後現代被允許的一種批判性治學態度。

二、臨床倫理學

臨床倫理學所處理的，乃是照顧病人時所面臨的日常道德決策（day-to-day moral decision making）。即是用亞里斯多德所說的「實踐理性」，來分析與改善臨床個案問題。此時的重要角色包括醫師、相關衛生保健人員，以及病人自己（Callahan, 1998: 67）。

「臨床倫理學」一詞，是由提倡情境倫理學進路（situation ethics approach）的哲學家 Joseph Fletcher 在 1976 年所創。他在近二十年後，為此一概念作出十分簡潔的定義：通過組織化的努力以實現共同作成決策（Fletcher & Brody, 1995: 400）。這就是說，某些棘手的醫療決策責任，不必讓醫師一個人去承擔，而是通過像委員會之類的團隊共同分擔。

Koczwara 和 Madigan（1997: 77-79）分辨出臨床倫理學

的三個次範疇（subcategories）：基本元素與方法、臨床倫理諮詢、制式倫理委員會。在內容與方法方面，臨床倫理學不贊成套用理論模式，卻也或多或少在分析個案時運用相關理論。如此駕馭理論而非被理論所駕馭，正是臨床倫理諮詢服務的根本態度。

　　臨床倫理諮詢服務包括：倫理學者以專家身分提供個別諮詢服務，以及由醫院等機構召集相關人員組成制式化的倫理委員會議決個案事務。這種諮詢服務在西方先進國家已逐漸落實並產生績效，值得其他國家參考。

　　自行開業或受僱於醫院的臨床倫理師，對我們而言還是一樁新鮮事。但是看看目前國內已有臨床心理師和臨床社會工作師等專業職位的設置，宗教界也在推動宗教師的法制化，未來在臺灣有倫理學家提供專業服務並非不可能。Veatch（1989a: 10-16）指出臨床倫理師所扮演的三個角色：分析者、諮詢者、質疑者；他分析個案處境，擔任道德顧問，並質疑醫療決策，這些角色對醫療機構將人過度醫學化（medicalize）具有制衡作用。

　　就現實面看，設立倫理師來制衡醫師以得到適宜的臨床倫理決策，不免費事且容易出現張力（tension）。而讓醫師自我約束，也有改善臨床倫理決策的功效。McCullough（1999b: 77-86）發現美國三大醫師學會組織，都有針對照護

管理（ managed care ）中臨床倫理問題的權責聲明
（statement）。這可視爲專業團體內部在市場機能壓力下，
自覺改善服務品質的努力。的確，現今醫療工作極具複雜
性，其中的倫理決策不止針對患者而已，它涉及了整個複雜
的衛生保健機制，需要所有相關專業人員的關心與參與
（Zaner, 1988: 30-32）。

三、統整與政策生命倫理學

相對於臨床倫理學著眼在個案處境上，統整與政策生命
倫理學主要是爲醫療行爲，設計一些法律或臨床的規定與程
序。例如，將死亡定義由心肺功能喪失轉移爲腦死，或是規
範醫院在何種情況下可以實施不予救治（do-not-resuscitate,
DNR）等，此外衛生保健資源配置也是重要課題（Callahan,
1998: 67-68）。這種生命倫理學的考量，並非堅持某些抽象
的道德原則，而是提供一套具體的倫理架構（framework），
用以敏銳地瞭解和詮釋真實案例獨特的情狀。

Brock（1997: 386-391）舉出這套倫理架構的三項重要議
題：嚴重殘障的新生兒、維持生命的給水與進食、苟延殘
喘。由於醫藥科技的進步，目前在延長病患生命「量」的方
面的確見到成果，但對改善「質」的方面卻相當有限，於是
就會出現患者求生不得、求死不能的窘境和慘狀，亟待周延

地制定法規以造福不幸的人，讓他們活得尊嚴，死得安寧。

統整與政策生命倫理學是跳脫個人、放眼社會的倫理學，但這並非說要犧牲小我、成全大我，而是著重的層面不同。Thomasma（1994: 343）分辨出倫理學的三個層面：個人相互影響的層面、社會影響人們的層面、制度影響人們的層面。三者不應混為一談，而後二者正是大我影響小我的統整與政策倫理發生的場域。

Shenkin（1991: 113-231）列舉數種整體公共衛生政策影響個人權益的例證：愛滋病篩檢、遺傳疾病篩檢、酒精與藥物上癮患者的矯治、精神病患的權利、殘障及無行為能力者的權利等，並說明倫理考量即是在社區利益與個人權利之間取得協調。

在衛生保健資源配置的課題上，Buchanan（1997: 321）提示有效模式（examined-efficiency models）和倫理模式兩種配置模式。前者利用成本利潤分析、成本效益等工具以追求最大實效，但是這種有效性判準本身，卻無法充分評估資源配置是否妥當，因此需要倫理判準。兼顧科學知識和倫理價值，方能使資源配置無所偏廢。

而在女性主義者眼中，倫理價值也是女男有別的。Nelson 和 Nelson（1996: 357-362）呼籲大家在考慮衛生保健資源配置時，必須正視兩性差異，包括：生活體驗的差異、

主觀價值（ perceived worth ）的差異，以及純然身體上
（ brute physical ）的差異。女性主義另類觀點意味一種視野
的擴充，同樣地，正視文化差異也能讓我們心胸開擴。

四、文化生命倫理學

　　文化生命倫理學是把生命倫理探討，跟具體案件實際發
生的歷史、意理（ideological）、文化和社會脈絡結合起來進
行的系統研究。例如，強調自律原則或當事人自我決定，較
常發生於像美國這樣重視個人主義的文化環境中。而傾向集
體主義的亞洲國家，則在面臨醫療決策時，相信醫師權威，
或由家屬共同為當事人作決定。這方面的倫理問題探討不止
針對個人，還涉及較大範圍的文化與社會動力（cultural and
social dynamic），需要整合人文學與社會科學，以達成對生
命倫理案件的瞭解與詮釋（Callahan, 1998: 68-69）。

　　倫理學做為一門學問，當然希望找出放諸四海皆準的道
理以便應用。但是倫理學畢竟不同於生理學和物理學，能夠
歸納許多普遍的學理。倫理學倒有些類似心理學，必須考慮
不同族群、文化、社會間的差異。生命倫理學發展三十年，
始終是用西方主流學界的價值觀看問題，不免使問題簡化及
窄化。久而久之造成學科劃地自限，從而出現困境。

　　究竟生命倫理學要如何突破創新以維繫自身命脈？

Hoffmaster（1993: 374-381）的建議是引入民族誌研究
（ethnographic studies），如此可對瞭解不同族群的道德行
為，提供批判性和建構性的貢獻。民族誌方法屬於人類學研
究的一環，使用民族誌方法的人類學者必須融入他所研究的
異文化族群中，親臨實地認真體會以取得第一手資料。

由於這種面對面接觸是許多學科研究的基本要求，因此
不同學科的跨文化研究常會用到民族誌方法。例如，心理治
療學者就把語言視為文化與民族誌的本質（Krause, 1998: 8-
21）。應用心理學和應用倫理學都有心採用民族誌方法，意
味著設身處地在處理跨文化人際關係時的重要性。

生命倫理學是西方主流文化的產物。西方主流醫學的價
值觀，上承古希臘醫師誓言，下開美國醫學會和世界醫學會
的醫師規約（code），直到近數十年才有人注意到主流生命
倫理學以外的另類觀點及立場（Veatch, 1989b: 4-6）。

觀點上的差異有時也反映在不同衛生保健系統中，系統
間的差異係受到環境、人口、文化、政治、社會、經濟等因
素的影響（Lassey, Lassey, & Jinks, 1997: 4-9），因此全球一
體適用的生命倫理學幾乎是不可能（Engelhardt, 1998:
643）。但是在人們往來頻繁的今天，對健康和公共衛生抱持
全球觀點則屬必要（Aboud, 1998: 1-3）。

結 語

　　本篇係以文獻分析法，對生命倫理學進行後設探究
（meta-study），目的是希望釐清生命倫理學的歷史發展與理
論實際諸面向，以做爲進一步學習的基礎。筆者在此是把生
命倫理學當作生命教育的核心議題來看待。「臺灣的生命教
育」受到「西方的死亡教育」極大啓蒙。Durlak（1994: 245-
246）指出，美國的死亡教育學程具有兩大類型：著眼學理的
學程（didactic programs）和落實體驗的學程（experiential
programs）；前者強調理論內涵，後者重視實踐精神。而從
前述生命倫理學的理論與實踐諸面向來看，生命倫理學無疑
可以做爲生命教育的核心議題。

　　生命教育除了從事學理探究外，理當有些臨床實務的接
觸。像對臨終病人的安寧緩和療護，就有非常多的倫理關懷
值得參與和反思。學生可以從擔任臨床義工的經驗中，體察
生命的真諦。通過對生命倫理具體情境的參與和反思來充實
生命教育的內涵，乃是生命倫理學對生命教育的另一貢獻。

　　筆者認爲，生命倫理學和生命教育的融會貫通，可說是
科際整合的一件大事。本篇希望對此有正本清源的作用，即
從對西方文獻中相關概念的釐清，爲日後深入探討奠定基
礎。

參考文獻

Aboud, F. E. (1998). *Health psychology in global perspective.* Thousand Oaks, California: Sage.

Arras, J. D. (1994). Getting down to cases: The revival of casuistry in bioethics. In J. F. Monagle & D. C. Thomasma (Eds.), *Health care ethics: Critical issues* (pp. 387-400). Gaithersburg, Maryland: Aspen.

Aulisio, M. P. (1998). The foundations of bioethics: Contingency and relevance. *The Journal of Medicine and Philosophy, 23*(4), 428-438.

Beauchamp, T. L. (1997). Informed consent. In R. M. Veatch (Ed.), *Medical ethics* (2nd ed.) (pp. 185-208). Sudbury, Massachusetts: Jones and Bartlett.

Beauchamp, T. L., & Childress, J. F. (1994). *Principles of biomedical ethics* (4th ed.). New York: Oxford University Press.

Belliotti, R. A. (1993). *Good sex: Perspectives on sexual ethics.* Lawrence, Kansas: University Press of Kansas.

Brock, D. W. (1997). Death and dying. In R. M. Veatch (Ed.), *Medical ethics* (2nd ed.) (pp. 363-394). Sudbury, Massachusetts: Jones and Bartlett.

Buchanan, A. (1997). Health-care delivery and resource allocation. In R. M. Veatch (Ed.). *Medical ethics* (2nd ed.) (pp. 321-361).

Sudbury, Massachusetts: Jones and Bartlett.

Callahan, D. (1998). Bioethics. In W. T. Reich (ed.), *The ethics of sex and genetics* (pp. 64-73). New York: Simon & Schuster Macmillan.

Carse, A. L. (1998). Impartial principle and moral context: Securing a place for the particular in ethical theory. *The Journal of Medicine and Philosophy, 23*(2), 153-169.

Childress, J. F. (1997). The normative principles of medical ethics. In R. M. Veatch (Ed.), *Medical ethics* (2nd ed.) (pp. 29-55). Sudbury, Massachusetts: Jones and Bartlett.

Durlak, J. A. (1994). Changing death attitudes through death education. In R. A. Neimeyer (Ed.), *Death anxiety handbook: Research, instrumentation, and application* (pp. 243-260). Washington, D. C. : Taylor & Francis.

Engelhardt, H. T., Jr. (1996). *The foundations of bioethics* (2nd ed.). New York: Oxford University Press.

Engelhardt, H. T., Jr. (1998). Critical care: Why there is no global bioethics. *The Journal of Medicine and Philosophy, 23*(6), 643-651.

Fletcher, J. C., & Brody, H. (1995). Clinical ethics: Elements and methodologies. In W. T. Reich (Ed.), *Encyclopedia of bioethics* (rev. ed.) (pp. 399-404). New York: Macmillan.

Flyvbjerg, B. (1993). Aristotle, Foucault and progressive phronesis: Outline of an applied ethics for sustainable development. In E. R. Winkler & J. R. Coombs (Eds.), *Applied ethics: A reader* (pp. 11-27). Oxford: Blackwell.

Gustafson, J. (1966). Context versus principles: A misplaced debate in Christian ethics. In M. Marty & D. Peerman (Eds.), *New theology No.3* (pp. 69-102). New York: Macmillan.

Hoffmaster, B. (1993). Can ethnography save the life of medical ethics. In E. R. Winkler & J. R. Coombs (Eds.), *Applied ethics: A reader* (pp. 366-389). Oxford: Blackwell.

Jonsen, A. R. (1998). *The birth of bioethics.* New York: Macmillan.

Koczwara, B. M., & Madigan, T. J. (1997). The heterogeneity of clinical ethics: The state of the field as reflected in the *Encyclopedia of Bioethics*. *The Journal of Medicine and Philosophy, 22*(1), 75-88.

Kopelman, L. M. (1998). Bioethics and humanities: What makes us one field? *The Journal of Medicine and Philosophy, 23*(4), 356-368.

Krause, I-B. (1998). *Therapy across culture.* London: Sage.

Kuhse, H., & Singer, P. (1999). Introduction. In H. Kuhse & P. Singer (Eds.), *Bioethics: An anthology* (pp. 1-7). Oxford: Blackwell.

Lassey, M. L., Lassey, W. R., & Jinks, M. J. (1997). *Health care systems around the world: Characteristics, issues, reforms.* Upper Saddle River, New Jersey: Prentice Hall.

Lustig, B. A. (1998). Concepts and methods in recent bioethics: Critical responses. *The Journal of Medicine and Philosophy, 23*(5), 445-455.

McCullough, L. B. (1999a). Moral authority, power, and trust in clinical ethics. *The Journal of Medicine and Philosophy, 24* (1), 3-10.

McCullough, L. B. (1999b). A basic concept in the clinical ethics of managed care: Physicians and institutions as economically disciplined moral co-fiduciaries of populations of patients. *The Journal of Medicine and Philosophy, 24*(1), 77-97.

McGrath, P. (1998). Autonomy, discourse, and power: A postmodern reflection on principlism and bioethics. *The Journal of Medicine and Philosophy, 23*(5), 516-532.

Monagle, J. F., & Thomasma, D. C. (1988). Preface. In J. F. Monagle & D. C. Thomasma (Eds.), *Medical ethics: A guide for health professionals* (pp. xix-xx). Rockville, Maryland: Aspen.

Murphy, E. A., Butzow, J. J., & Suarez-Murias, E. L. (1997). *Underpinnings of medical ethics.* Baltimore: The Johns

Hopkins University Press.

Nelson, H. L., & Nelson, J. L. (1996). Justice in the allocation of health care resources: A feminist account. In S.M. Wolf (Ed.), *Feminism & bioethics: Beyond reproduction* (pp. 351-370). New York: Oxford University Press.

Ross, J. W., Bayley, S. C., Michel, V., & Pugh, D. (1993). *Handbook for hospital ethics committees.* Chicago: American Hospital Association.

Shenkin, H. A. (1991). *Medical ethics: Evolution, rights and the physician.* Dordrecht, The Netherlands: Kluwer.

Sherwin, S. (1992). Feminist and medical ethics: Two different approaches to contextual ethics. In H. B. Holmes & L. M. Purdy (Eds.), *Feminist perspectives in medical ethics* (pp. 17-31). Bloomington: Indiana University Press.

Sherwin, S. (1996). Feminism and bioethics. In S. M. Wolf (Ed.), *Feminism & bioethics: Beyond reproduction* (pp. 47-66). New York: Oxford University Press.

Thomasma, D. C. (1994). The ethics of medical entrepreneurship. In J. F. Monagle & D. C. Thomasma (Eds.), *Health care ethics: Critical issues* (pp. 342-349). Gaithersburg, Maryland: Aspen.

Thomasma, D. C. (2000). Aristotle, *phronesis,* and postmodern bioethics. In M. G. Kuczewski & R. Polansky (Eds.), *Bioethics:*

Ancient themes in contemporary issues (pp. 67-91). Cambridge, Massachusetts: The MIT Press.

Toulmin, S. (1982). How medicine saved the life of ethics. *Perspectives in Biology and Medicine, 25* (4), 736-750.

Veatch, R. M. (1989a). Clinical ethics, applied ethics, and theory. In B. Hoffmaster, B. Freedman, & G. Fraser (Eds.), *Clinical ethics: Theory and practice* (pp. 7-25). Clifton, New Jersey: Humana.

Veatch, R. M. (1989b). The Hippocratic tradition: Introduction. In R. M. Veatch (Ed.), *Cross cultural perspectives in medical ethics: Readings* (pp. 4-6). Boston: Jones and Bartlett.

Veatch, R. M. (1997). Medical ethics: An introduction. In R. M. Veatch (Ed.), *Medical ethics* (2nd ed.) (pp. 1-27). Sudbury, Massachusetts: Jones and Bartlett.

Warren, V. L. (1992). Feminist directions in medical ethics. In H. B. Holmes & L. M. Purdy (Eds.), *Feminist perspectives in medical ethics* (pp. 32-45). Bloomington: Indiana University Press.

Watson, J. D. (1992). A personal view of the project. In D. J. Kevles & L. Hood (Eds.), *The code of codes: Scientific and social issues in the human genome project* (pp. 164-173). Cambridge, Massachusetts: Harvard University Press.

Winkler, E. R. (1993). From Kantianism to contextualism: The rise and fall of the paradigm theory in bioethics. In E. R. Winkler & J. R. Coombs (Eds.), *Applied ethics: A reader* (pp. 343-365). Oxford: Blackwell.

Winkler, E. R., & Coombs, J. R. (1993). Introduction. In E. R. Winkler & J. R. Coombs (Eds.), *Applied ethics: A reader* (pp. 1-8). Oxford: Blackwell.

Wolf, S. M. (1996). Introduction: Gender and feminism in bioethics. In S. M. wolf (Ed.), *Feminism & bioethics: Beyond reproduction* (pp. 3-43). New York: Oxford University Press.

Zaner, R. M. (1988). *Ethics and the clinical encounter.* Englewood Cliffs, New Jersey: Prentice-Hall.

從科際整合觀點考察
生死學與生命倫理學的關聯

因為諱言死亡，西方的死亡學（thanatology）在臺灣稱為「生死學」，死亡教育則被視為「生死教育取向的生命教育」。生死學議題與生命倫理學（bioethics）議題具有相當大的重疊面，二者且都涉及科技與人文的對話及整合。本篇嘗試從科際整合觀點，來考察生死學與生命倫理學之關聯，進而肯定其中科技與人文對話的必要，以及整合的可能。

本篇嘗試找出兩門科際學科（interdisciplinary discipline）——生死學與生命倫理學——之間的關聯，以促進科技與人文的對話及整合。筆者所採取的是科際整合觀點。科際整合觀點是對各種科學學科的形成、發展和內涵，進行歷史、社會、哲學的考察。其中歷史與社會文化脈絡考察，且對哲學考察構成新的挑戰（Stump, 1996: 447-450）。

簡單地說，筆者相信生死學與生命倫理學的關聯，可以自二者的歷史發展及社會文化背景中透顯出來。至於其內在理路的聯繫，也必須放在這些脈絡中始得呈現。不過科際整合的性質並非本篇重點，筆者所強調者，乃是科技與人文的對話及整合的可能與必要，而生死學與生命倫理學正是這種對話及整合的典型。

雖然科際整合主要針對自然科學與應用科技而發，但同樣可用於人文學與社會科學。另一方面，生死學與生命倫理學非但涉及科學與技術知識，其本身亦屬人文學知識，適足

以通過科際整合考察而發揚光大。科技與人文的對話及整合，其實就是為了建構更為人本的知識，以利人心安頓、社會和諧。

從死亡教育到死亡研究

一、死亡教育

死亡教育（death education）興起於西方世界，主要是美國。第一個正式的死亡教育學程出現於 1950 年代。60 年代間死亡教育實務開始擴充，至 70 年代大興而普及（Durlak, 1994: 244）。第一種死亡教育專業期刊《死亡教育》於 1977 年創刊於美國，在首期中 Leviton（1977: 44）將死亡教育定義為：

> 向社會大眾傳達適切的死亡相關知識，並因此造成人們在態度和行為上有所轉變的一種發展過程。

基於死亡教育對人們心理以及社會觀念可能造成的重大影響，Seidel（1990: 58）認為它應該是一種持續的歷程，必須用發展的和系統的方式加以引介，而非一門課、一場講習或一篇文章得以為功。

死亡教育興起於美國並非偶然，此與美國文化中的價值取向息息相關。美國人崇尚年輕、成就、健康、個人主義、自我控制等價值，這些觀點卻無法幫助人們有效地處理死亡問題（Durlak, 1994: 244）。尤其當醫療科技在上世紀中葉隨著生命科學的突破性發展之後而呈風起雲湧之勢，卻仍對許多疾病束手無策，更爲一向相信人定勝天的美國人增添不少死亡焦慮，死亡教育遂在此時應運而生。

死亡教育的興起，帶動了死亡及其相關議題的研究。死亡教育工作者最初是擷取醫學、心理學、社會學、哲學、宗教學等學科中，對死亡相關現象的研究成果做爲教學材料。及至後來逐漸發展出自家的研究旨趣，終於形成一門具有科學正當性的研究方向（a legitimate scientific enterprise）──死亡研究（death studies）（Durlak,1994: 243）。

死亡研究大約形成於 1970 年代初期，它爲死亡教育帶來另外一個面向（aspect），即有別於個人目的的學術活動。此後死亡教育學程便出現兩大類型：著眼於學理的學程（didactic programs）和落實於體驗的學程（experiential programs）；前者重認知領悟，後者重感受反思（Durlak, 1994: 245-246）。擁有自家學理的死亡教育具體表現之一，即是在 1985 年將《死亡教育》期刊更名爲《死亡研究》。

弔詭的是，當死亡教育蓬勃發展後，順勢促進了死亡研

究的形成。而當死亡研究在學術領域紮根後，卻忽略了對死亡教育改善的研究，未能訂出較嚴謹的教學標準，任其繼續維持多樣局面（diversity）（Wass & Neimeyer, 1995: 441）。不過死亡教育的多樣分化和多學科中心（multidisciplinary focus）特質，正是因為臨終與死亡場域（arena）乃是超越各種學科及興趣團體的，它可以來自不同學科教師的共同孕育（cross-fertilization），從而滿足不同程度的理論與實務需求（Crase, 1989: 29）。

二、從死亡教育到死亡研究

傳統上有心探討死亡的人主要是詩人、哲學家以及科學家，在他們眼中死亡乃是可怕、恐懼且令人不愉快的事情。西方世界長期受到死亡恐懼感的支配，有識之士遂在 1950 年代，透過撰文和著書的方式推行死亡覺醒運動（death awareness movement），其中最突出的主題即是死亡焦慮（Neimeyer & Van Brunt, 1995: 49）。

可以想見的是，後來日益普及的死亡教育，其主要目標正是協助人們降低死亡焦慮（Neimeyer & Van Brunt, 1995: 78）。而由於今日大多數的死亡發生於醫院中，處理衛生保健人員面對臨終和死亡時的心理衝突，也成了死亡教育的重要課題（Dickinson, Sumner, & Frederick, 1992: 282）。

死亡教育雖然看重心理焦慮與衝突的解除，早年主流心理學卻未能同步關切死亡問題。非但一般教科書未提及死亡，連諮商、臨床和心理測量的課程也不見死亡議題。出現這種現象的理由之一，乃是主流學科多少反映了主流文化價值中否認死亡的心態。另外一個重要理由則是，主流學科基於當時學術界盛行的客觀主義，不願處理帶有濃厚主觀色彩的死亡問題（Wass & Neimeyer, 1995: 435-436）。

既然主流學科有意忽略死亡相關議題，從事死亡教育的學者，只好考慮逐漸自立門戶，建立死亡研究的科學正當性。其策略發展有三個步驟：先是在主流學科中扮演有所貢獻的角色（contributory role），繼而形成與主流學科互補的角色（complementary role），最後展現出對傳統學科進行批判革命的角色（revolutionary role）（Wass & Neimeyer, 1995: 436-438）。

關心死亡議題的學者爲主流學科提供了多樣的選擇，也從主流學科學得研究方法和理論建構。他們一方面在主流學界的專業期刊上撰稿，以吸引更多注意力。一方面則創辦專門探討死亡問題的期刊，以凝聚研究焦點。這般努力無疑豐富了主流學科的內涵，也站穩了自己的腳步。

然而寄人籬下終非長久之計。從科際整合的觀點看，一門學科擁有了自家的學術團體、學術期刊以及教學單位（學

程或學系），便足以建立其學術正當性。死亡學雖然早於 1903 年創始於法國，並於 1912 年引介至美國，該學科卻遲至 70 年代始通過死亡研究而被科學共同體（scientific community）所接納，得以與主流學科互補互利。

西方死亡學與其說是一門學科，不如形容為一片多學科領域（multidisciplinary field）。由於其具備多元風貌，不易定於一尊，遂可能在主流學科之外開闢另類施展空間。這種用心有時充滿著異質權力旨趣的批判性（critique of hegemonic power interests），例如，安寧療護運動（hospice movement），即是不滿主流醫學處理臨終患者而產生的革命性措施。

過去三十年，死亡學的發展已呈現大幅成長之勢，學會、學刊、學程一一具足。根據美國學者的研究（Margolis, et al., 1985: v），死亡學可以界定為：

一門學科，其焦點係針對生命受到威脅的人提供身體和情緒上的支持性照顧，並對家屬的安頓表現同等的關懷。所提出的則是一種落實照顧的理念（a philosophy of caregiving），用以增強另類促進生命品質（quality of life）的方式，引介涉入各種情緒狀態的方法，且在瀕死歷程以及分離、失落、死別、悲慟等問題上培養出更為成熟的瞭解。

由此可以看出，西方死亡學所看重的是偏向死亡的一面，以維繫臨終病患「死亡的尊嚴」。

生死學與生命倫理學的議題

一、生命倫理學中的死亡議題

生命倫理學的興起，源於二次世界大戰至 1970 年代間，生物醫學科技快速發展所導致的道德危機（Winkler, 1993: 344-345）。雖然傳統的醫學倫理學早在十九世紀初即已出現（Veatch, 1997: 10），但是當代醫療科技的發展，卻是造成應用倫理學（applied ethics）廣受矚目的最重要因素（Almond, 1995: 4-5）。也因此生命倫理學構成應用倫理學最主要的部分。

一位著名的生命倫理學家 Brock（1993: 1-17）在其論文集中，楬櫫了有關死亡的三大層面議題：醫師與病患所作的治療決策、臨床上有關死亡的決策、衛生政策中有關死亡的決策。其中第二、三層議題在另一位生命倫理學家 Battin（1994: 3-29）的論文集中，凝聚為著眼於死亡的三項課題：撤除或維持治療、安樂死、自殺。筆者認為這些正是現代醫療科技所造成有關死亡的道德困境。

　　生命倫理學在處理上述道德困境時有兩種相對的態度，一種堅持幾條重要的倫理原則，一種強調看情況而定。前者被稱為原則主義（principlism）或典範理論（paradigm theory），後者則稱為脈絡主義（contextualism）（Winkler, 1993: 343）。伴隨著科學學從邏輯主義（logicism）到歷史主義（historicism）的演進（Losee, 1987: 142-146），生命倫理學從看重內在理路轉變為強調外在脈絡，也可算是一種演進。這種演進不是否定倫理原則，而是加以包容。大原則融匯於各種專業倫理規則（professional codes of ethics）內，可用以判斷一般狀況；脈絡主義則施展於各種棘手個案中，二者具有互補之效（Beyerstein, 1993: 416-420）。

　　二十世紀內把死亡議題推廣到人群中的兩股風潮，一是存在主義的作品，一是 Elisabeth Kübler-Ross 的名作《論死亡與臨終》。前者多完成於第二次世界大戰結束的 1945 年以前，後者則出版於 1969 年。這相距的四分之一世紀間最重要的醫療科技發展，便是像盤尼西林等抗生素的普及使用，讓許多過去被視為得了不治之症的患者得以維繫住生命，而此後許多生命倫理難局就應運而生了（Battin, 1994: 3-4）。

　　存在主義者反思的是，現實人生中不可預見的死亡情境。Kübler-Ross 及其後的死亡學者關心的則是，病榻之畔可以預見的死亡情境。前者強調個人抉擇，後者凸顯個案分

析。一個人為自己的命運作抉擇，有時必須置於死地而後生。而醫療倫理的棘手個案，卻經常在爭論是否必須置生者於死地。70 年代中在美國首度鬧上法庭爭訟多時的 Karen Ann Quinlan 案件，為日後層出不窮的生命倫理學中的死亡問題開啟了新局面。

二、死亡學中的生命倫理議題

死亡學研究的範圍跨越醫療科學、社會科學、人文學三大學域，後者主要落在倫理學和宗教學之內（Wass & Neimeyer, 1995: 435）。在死亡學中有一項涉及生命倫理的重大課題，此即臨終的醫學化（medicalization）。它是六種社會因素所造成的結果：高水準的醫療科技、疾病的早期偵測、複雜的死亡定義、慢性病的普遍流行、致命傷害的減少發生、對臨終過程的積極介入等。這些因素促使臨終病人從家中移出，並置入特定的醫療機構中（Moller, 1996: 24-25）。

眾所週知，從前人們的生與死都在家裡完成，如今卻多半被送進醫院去處理。現代醫院存在的目的是治療（cure）病患，一旦患者無法治癒，醫療人員就轉而關心其他病患去了。「不治」之症反映出醫療體制的挫敗，自然不受醫院歡迎，偏偏進步的科技卻能暫時維繫患者的生物性生命，造成

當事人陷入求生不得、求死不能的困境。此時看重「尊嚴去世」（dying with dignity）而爲臨終患者提供靈性照護（spiritual care）的安寧療護，便成爲最佳的另類服務。

安寧療護有時具體化爲一所安寧院，但在更常見的情況下，它是一種居家照顧活動（Phipps, 1988: 97）。根據曾任國際安寧療護學會（International Hospice Institute, IHI）會長的 Magno（1990: 111）解釋，安寧療護是一種照護的概念，它使得壽命有限的臨終患者之生命品質提昇至最高境地。

當代安寧療護表現在兩種不同風格的途徑上，一種是英國醫師 Cicely Saunders 於 1967 年在倫敦設立的 St. Christopher's 安寧院，復興了古羅馬照顧旅人身心的傳統，具有基督宗教情操。另一則是美國醫師 Kübler-Ross 在同一時期所開展的美國安寧療護運動，強調看重臨終病患靈性需求的居家照護，具有心理學導向。

雖然這兩位偉大女醫師懷抱了同樣豐富的濟世胸襟，但是她們所推廣的運動，卻在不同社會背景中開出不同的盛況。英國爲具有獨特宗教傳統（英國國教）的福利國家，醫療消費低，其安寧療護反映出較強烈的宗教色彩。相對地，美國則是信仰多元且鼓勵企業自由競爭的社會，醫療消費極高，其走向居家照顧自有降低成本的用意（Ley & Corless, 1988: 103-106）。

由於死亡學十分重視臨終關懷，於是無論是通過安寧療護，或是在一般醫療程序下走完一生，都會產生不可規避的生命醫療倫理問題。Roy（1988: 139-144）舉出「尊嚴去世」的四項倫理要求：讓患者自主決定是否繼續接受治療、注意治療的適切性（proportionality）、控制疼痛、沒有人可以剝奪他人存活下去的主權（dominion）。雖然這些原則執行起來可能有實際困難，卻提供了在理論上不斷反思的課題。

生死學與生命倫理學的科際整合

一、生命倫理議題的科際整合

西方死亡學和生命倫理學較為嚴謹的學理探討，大多是歐美學界在過去三十年間的貢獻，其中後者更讓應用倫理學大放異彩（Brock, 1993: 13）。哲學家 Stephen Toulmin 於 1982 年發表了一篇文章 ——〈醫學如何挽救了倫理學的命脈〉，為此一因緣作出最佳註腳（Hoffmaster, 1993: 366-367）。

應用倫理學所關注的題材相當廣泛。Winkler 和 Coombs（1993: 1-2）勾勒出的三大重點是：企業倫理學、環境倫理

學和生命倫理學。Almond（1995: 9-14）則將應用倫理學的關懷，歸納爲由個體逐步擴充至群體的五個構面（dimension）：個人構面、公共與專業構面、法律構面、經濟與政治構面、國際與全球構面。如果以多重構面來反思應用倫理學中的死亡課題，則不止前述生命倫理學中的死亡課題如安樂死、自殺等應予處理，像墮胎、死刑、饑荒、戰爭，甚至生態考量下的動物權利等課題均可納入，因爲這些課題無不顯示出生命的尊嚴與神聖（Pojman, 1992: ix）。

　　生死一線牽，死亡的藝術即是生活的藝術（Nuland, 1993: 268）。在上述種種死亡課題的底層，其實有一個共通的假設性概念，即是生活品質或生命品質。生命品質是一個相當含糊的概念，狹義上它可以指涉一個病患已陷入機能不全（incompetence）情況時，醫療決策應本於對患者最有利（best interests）方向而訂定，所評估的項目包括患者的身體機能、情緒狀態、獨立性、隱私權、尊嚴、忍受力，以及存活期等，這些項目的評估與生命倫理及法庭判決息息相關（Lo, 1988: 140）。

　　廣義的生命品質又稱生活品質，它涉及了倫理學中有關善的生活（a good life）之理論。而當其落實在醫療決策上，則指向較大群體的健康與疾病問題，亦即對健康水平的測量，這又牽涉到歷史和政治經濟社會因素。過去看重的是不

同群體和社會的罹病率及死亡率之比較，如今關心的則是公
共衛生條件，以及影響經濟發展的營養、居住、教育情況的
改善等（Brock, 1993: 294-295）。

　　把生命品質或生活品質再放大來看，可以接續上西方文
明中希伯萊與基督宗教傳統，即肯定生命價值或生命神聖性
的原則。此一具有宗教內涵的倫理原則後來引申出對三個修
正概念的肯定：人類生命的價值、保護他人生命、生命品質
（Battin, 1995: 114-121）。這些原始及引申概念揉和了希臘
哲學傳統，正是當前應用倫理學自其歷史根柢中保存下來的
最寶貴資源（Almond, 1995: 3-4）。有了這層體認，則應用
倫理學中一些生死難局，例如，代理人（surrogate）的倫理
立場和法律地位等，便皆有所依據了（Buchanan & Brock,
1989: 2-5）。

二、死亡議題的科際整合

　　生命倫理學包含了專業領域內的醫院體制建構和醫學教
育改革等課題，以及社會上常見的自殺、死刑、安樂死等問
題。生命倫理學的出現，說明了早先自哲學分化的學科又開
始逐漸融合，哲學有可能蛻變成為一門科際整合的學問。

　　自殺基本上是道德問題而非法律問題，但是強烈的道德
主義不見得會走上自殺之路，反而是遠離道德陷入耽美主義

容易自我了斷。這種對死亡的耽美或浪漫情懷，在人的一生中最常出現於青少年階段。例如，自殺高居臺灣與美國青少年死亡因素的前二、三位，較其他年齡層超出許多。自殺防治大體上要從教育著手，尤其是社會教育。不過遠水救不了近火，迫在眉睫的尋短見，需要的是立即的心理情境改善，亦即危機介入（crisis intervention），例如，生命線等服務（Battin, 1995: 14-15）。

至於死刑實不同於自殺，主要是個法律問題，甚至形成爲嚴重的政治社會問題。死刑可說是人類社會最爲極端的懲罰行爲，讓一個罪犯永遠自社會上消失。之所以有此懲罰，主要還是因爲人類是所有物種中，唯一視自相殘殺爲家常便飯的極端族類（Pojman, 1992: 86）。此一問題有待死亡學與倫理學及法律學進一步對話加以釐清。

倒是安樂死的課題與自殺關係密切，因爲安樂死有時被視爲「理性自殺」。如今許多先進國家已邁入高齡社會，超過八十五歲的老老年（old old）人口成長，導致老年痴呆症（Alzheimer's disease）患者增加。此一慢性不治之症已對衛生政策構成極大壓力，有些國家遂以年齡做爲醫療資源配置判準，這種作法與安樂死的爭議其實是平行的（Moody, 1996: 190）。在未來社會中，人若長壽可能必須冒著老病纏身無以爲繼的風險，難以維繫個人生命品質。此時類似安樂死或自

殺等多元論述，必然會成爲主要的探討課題。

結 語

本篇藉著對生死學與生命倫理學可能關聯的考察，嘗試做一次跨學域對話及跨學科整合。筆者心目中的哲學未來發展，即是期待它演變成一門科際整合的學問。古代希臘大哲亞里斯多德的學術成就，遍及當時人類所有的知識，舉凡物理學、動物學、心理學、政治學、文學都有他一席之地。這種全材通人，至十七世紀科學革命和十八世紀啓蒙運動所導致知識分化後即無以爲繼，哲學亦自此時走上劃地自限之路，哲學與諸科學學科乃各自分立。

時至今日，哲學面臨諸科學學科的衝擊，尤其是科技社會中各種倫理道德困局，促使應用哲學應運而生。應用哲學的任務，正是對現實生活中的倫理問題，從事概念釐清和哲學批判（Almond & Hill, 1991: 1）。

筆者認爲，新興以應用倫理學爲主幹的應用哲學，乃是「後科學的哲學」（post-scientific philosophy），以相對於「前科學的哲學」。而後科學的哲學正是科際整合之學。生死學與生命倫理學的銜接，便在這種意義下凸顯其人本精神與人文價值。

參考文獻

Almond, B. (1995). Introduction: Ethical theory and ethical practice. In B. Almond (Ed.), *Introducing applied ethics* (pp. 1-14). Oxford: Blackwell.

Almond, B., & Hill, D. (1991). Introduction. In B. Almond & D. Hill (Eds), *Applied philosophy: Morals and metaphysics in contemporary debate* (pp. 1-6). London: Routledge.

Battin, M. P. (1994). *The least worst death: Essays in bioethics on the end of life.* New York: Oxford University Press.

Battin, M. P. (1995). *Ethical issues in suicide.* Englewood Cliffs, New Jersey: Prentice Hall.

Beyerstein, D. (1993). The functions and limitations of professional code ethics. In E. R. Winkler & J. R. Coombs (Eds.), *Applied ethics: A reader* (pp. 416-425). Oxford: Blackwell.

Brock, D. W. (1993). *Life and death: Philosophical essays in biomedical ethics.* Cambridge: Cambridge University Press.

Buchanan, A. E., & Brock, D. W. (1989). *Deciding for others: The ethics of surrogate decision making.* Cambridge: Cambridge University Press.

Crase, D. (1989). Death education: Its diversity and multidisciplinary focus. *Death Studies, 13*(1), 25-29.

Dickinson, G. E., Sumner, E. D., & Frederick, L. M. (1992). Death education in selected health professions. *Death Studies, 16*(4), 281-289.

Durlak, J. A. (1994). Changing death attitudes through death education. In R. A. Neimeyer (Ed.), *Death anxiety handbook: Research, instrumentation, and application* (pp. 243-260). Washington, D. C. : Taylor & Francis.

Hoffmaster, B. (1993). Can ethnography save the life of medical ethics? In E. R. Winkler & J. R. Coombs (Eds.), *Applied ethic: A reader* (pp. 366-389). Oxford: Blackwell.

Leviton, D. (1977). The scope of death education. *Death Education, 1*(1), 44.

Ley, D. C. H., & Corless, I. B. (1988). Spirituality and hospice care. *Death Studies, 12*(2), 101-110.

Lo, B. (1988). Quality of life judgments in the care of the elderly. In J. F. Monagle & D. C. Thomasma (Eds.), *Medical ethics: A guide for health professionals* (pp. 140-147). Rockville, Maryland: Aspen.

Losee, J. (1987). *Philosophy of science and historical enquiry.* Oxford: Oxford University Press.

Magno, J. B. (1990). The hospice concept of care: Facing the 1990s. *Death Studies, 14*(2), 109-119.

Margolis, O. S., Raether, H. C., Kutscher, A. H., Klagsbrun, S. C.,

Marcus, E., Pine, V. R., & Cherico, D. J. (Eds.) (1985). *Loss, grief, and bereavement: A guide for counseling.* New York: Praeger.

Moller, D. W. (1996). *Confronting death: Values, institutions, and human mortality.* New York: Oxford University Press.

Moody, H. R. (1996). *Ethics in an aging society.* Baltimore: The John Hopkins University Press.

Neimeyer, R. A., & Van Brunt, D. (1995). Death anxiety. In H. Wass & R. A. Neimeyer (Eds.), *Dying: Facing the facts* (3rd ed.)(pp. 49-88). Washington, D. C. : Taylor & Francis.

Nuland, S. B. (1993). *How we die: Reflections on life's final chapter.* New York: Knopf.

Phipps, W. E. (1988). The origin of hospices / hospitals. *Death Studies, 12*(2), 91-99.

Pojman, L. P. (1992). *Life and death: Grappling with the moral dilemmas of our time.* Boston: Jones and Bartlett.

Roy, D. J. (1988). Is dying a matter of ethics? *Death Studies, 12*(2), 137-145.

Seidel, M. A. (1990). Guidelines for death education as a developmental process. In F. E. Selder, V. W. Barrett, M. M. Rawnsley, A. H. Kutscher, C. A. Lambert, M. Fishman, & M. Kachoyeanos (Eds.), *Nursing education in thanatology: A curriculum continuum* (pp.57-66). New York: Haworth.

Stump, D. J. (1996). Afterword: New directions in the philosophy of science studies. In P. Galison & D. J. Stump (Eds.), *The disunity of science: Boundaries, contexts, and power* (pp. 443-450, 526). Stanford, California: Stanford University Press.

Veatch, R. M. (1997). Medical ethics: An introduction. In R. M. Veatch (Ed.), *Medical ethics* (2nd ed.) (pp. 1-26). Boston: Jones & Bartlett.

Wass, H., & Neimeyer, R. A. (1995). Closing reflections. In H. Wass & R.A. Neimeyer (Eds.), *Dying: Facing the facts* (3rd ed.)(pp. 435-446). Washington, D. C. : Taylor & Francis.

Winkler, E .R. (1993). From Kantianism to contextualism: The rise and fall of the paradigm theory in bioethics. In E. R. Winkler & J. R. Coombs (Eds.), *Applied ethics: A reader* (pp. 343-365). Oxford: Blackwell.

Winkler, E. R., & Coombs, J. R. (1993). Introduction. In E. R. Winkler & J. R. Coombs (Eds.), *Applied ethics: A reader* (pp. 1-8). Oxford: Blackwell.

從生死學看人類基因治療的
倫理意涵與生命教育

　　本篇屬於後設性研究，主要概念有兩組：生死學、生命倫理學為一組；人類基因研究、人類基因治療為另一組。這兩組基本概念。皆有西方學術上的淵源。筆者嘗試正本清源，以建立二者學理脈絡的交織。其脈絡關係是先從生死學中勾勒出生命倫理論述，再用以處理人類基因研究及治療所衍生的倫理議題。

　　本篇所採用的研究方法為哲學內的文獻分析法及概念分析法。即儘可能從生死學的後設觀點，釐清人類基因治療課題中主要概念的內涵和外延，以確認相關課題的宗旨與方向。生死學屬於科技與人文二者整合下的科際學科，本篇係朝向科技與人文對話的方向進行寫作。筆者並主張通過包含基因教育在內的生命教育，積極倡導這種對話。

生死學

一、死亡教育與死亡研究

　　二十世紀 90 年代，談生論死逐漸在臺灣蔚為流行。但是因為諱言死亡，「生死學」論述遂成為西方有百年歷史的死亡學（thanatology）之本土提法，而死亡教育則被視為「生死教育取向的生命教育」。死亡學所探討的是與死亡相關的

行為、思想、感受，以及現象（Kastenbaum, 1989: 267）。

"Thanatology"一辭源自希臘文 "Thanatos"，意即「死亡」。在希臘神話中與之相伴隨的是 "Hypnos"，意謂「睡眠」。"Thanatos"也指死神，佛洛伊德將之與愛神（Eros）相提並論。

此一學科名稱最早為法國科學家巴斯德的學生 Elie Metchnikoff 於 1903 年所提，他同時還創立了「老年學」（gerontology）。雖然死亡學於 1912 年由 Roswell Park 引進美國，但是直到二次世界大戰以後存在哲學（existential philosophy）勃興於歐美，帶動世人探究自殺的興趣，以及隨後產生的全球性自殺防治運動，死亡學才先後以教育推廣和學術研究的形態臻於成熟。創刊於 1977 年的死亡學期刊《死亡教育》（*Death Education*）於 1985 年改名為《死亡研究》（*Death Studies*），標幟著死亡學理論與實務密切結合的時期已經到來。

英語國家最早對死亡進行有系統研究的論著，是 Herman Feifel 於 1959 年出版的《死亡的意義》（*The Meaning of Death*）。此後美國死亡學的主流即落在人文社會科學之中，由此向生物醫學科學整合（Wass, 1977: 1-3）。1967 年英國醫師 Cicely Saunders 在倫敦創設世界上第一所現代化安寧院（hospice），同年美國醫師 Austin Kutscher 在紐約哥倫比亞

大學成立死亡學基金會，1969 年美國精神科醫師 Elisabeth Kübler-Ross 的經典著作《論死亡與臨終》（*On Death and Dying*）問世，都顯示了死亡學是一門跨越生物醫學科學和人文社會科學、尋求科技與人文積極對話的科際學科（interdisciplinary discipline）。

二、死亡學的內涵與外延

西方死亡學不但是一門尋求對話的科際學科，也是一門講究實用的應用學科。它來自教育推廣，通過學理探究，凝聚為專業實務。簡單地說，近四十年間逐漸成熟的當代死亡學，肇始於一群有識之士，希望打破死亡禁忌，所努力從事的教育推廣。死亡教育最大特色，即在於它不止進行教學（teach），更強調接觸（touch）（Grad & Gullo, 1987: 67-79），亦即學理學程（didactic programs）與體驗學程（experiential programs）並重（Durlak, 1994: 245-246）。

衛生教育學者 Leviton（1977: 41-56）在《死亡教育》創刊號上揭櫫了死亡教育七項學理課題和十五項體驗課題，以及護理學者 Babcock（1990: 35-44）所設計的八單元二十項課題的死亡教育課程，可視為死亡教育的典型例證。經過四十年來的教學研究實踐積累，當代的死亡學已蛻變得更為多元化，死亡教育也擴充得更為專業化。

當代死亡學同傳統死亡學的內涵與外延並無太大差別，只是論域（domain）趨於多元。歸納地看，死亡學的內涵即為其知識構面，外延則為其專業實務。死亡學的知識構面涵攝了人類三大知識領域，核心部分至少包括生物學、醫學、心理學、社會學、哲學、宗教學等學科的整合，專業實務則有死亡教育、臨終關懷（terminal care）、悲傷輔導（grief counseling）、殯葬管理（funeral management）等四大項。整合下的知識構面，是死亡學形成為科際學科的基本研究方向。至於四門專業實務，則已演成專業團體和證照制度。死亡學的內涵與外延彼此扣緊，使得理論與實務相輔相成，無所偏廢。

三、死亡學的知識構面

西方「死亡學」一辭雖然早在二十世紀初期即已見諸文獻，但是直到 80 年代中期學術期刊《死亡教育》改名為《死亡研究》後，才算是建立了學科主體性（subjectivity）。此種學科主體性的建立需要通過一段過渡期。死亡教育工作者最初是擷取生物學、醫學、心理學、社會學、哲學、宗教學等學科中，對死亡相關現象的研究成果做為教材。後來逐漸發展出自家研究旨趣，始形成一門具有科學正當性的學科（a legitimate scientific enterprise）（Durlak, 1994: 243）。

以死亡的心理問題爲例，早期研究主要爲死亡心理學（psychology of death），屬於心理學範疇，近年則轉變爲探討死亡學的心理面向。從死亡問題做爲傳統學科的一個探究方向，轉變爲傳統課題做爲當代死亡學的一個構成面向，象徵著死亡學的漸趨成熟。

死亡學的知識構面涵蓋自然科學、社會科學、人文學三大領域。其核心整合學科中與本篇有關的主要爲醫學和哲學。二者的交點爲醫學倫理學（medical ethics），或更廣泛的生命倫理學（bioethics）。

當代死亡學在 60、70 年代起步當時，參與者多半是行爲社會科學學者，他們努力從事教育推廣，使世人正視、關心死亡問題，也帶動了哲學和宗教學界重新省察生命與死亡奧義。至於生物及醫藥科技進步所引起的存活與死亡決策困境，則產生出一連串倫理、法律和社會議題，基因治療正是這類決策的一道方便法門。

四、死亡學的專業實務

死亡學關涉到人類生老病死諸方面，兼及其他有情眾生，絕非紙上談兵的空洞學問，而是性命攸關的功德事業。就其實踐看，專業實務的落實紮根乃是維繫學問義理於不墜的最佳策略。目前與死亡學相關的專業實務主要有死亡教

育、臨終關懷、悲傷輔導、殯葬管理等，其中又以死亡教育
與本篇最爲關聯。

　　基因治療無疑屬於醫療活動，病患需要用到如此尖端的
醫療技術，極可能是生死攸關下的決定，這時就面臨與其他
重大疾病同樣的決策情境。死亡教育的目的是培養人們「盡
人事，聽天命」的智慧，畢竟再尖端的科技也有其極限，人
們不應對基因治療存有過度期望。當然過度排斥也應避免。
總之，對科技成果抱持過與不及的看法皆屬不智，納入死亡
教育中的基因教育對此可能有積極的改善作用。

　　死亡教育理當是全民教育、通識教育。在西方教育傳統
上，可歸於博雅教育（liberal arts education）（Morgan, 1984:
289-297）。也因此它是以人爲中心的人文教育（Attig, 1992:
357-370），而且極具包容性（Crase, 1989: 25-29）。基因研
究及治療雖然專門，但是除非透過教育管道讓全民具備相關
常識，否則難以消除民眾的迷信或排斥感。

　　源自西方死亡學的本土化「生死學」，希望自西方生命
倫理學術探究，以及臺灣近年大力提倡的「生命教育」推廣
雙管齊下，爲華人社會提供包含基因科技在內的生老病死相
關知識，激發人們的生命智慧。以下即由概念分析著手以正
本清源，嘗試從生死學看人類基因治療的倫理意涵。

生命倫理學

一、應用倫理學

生命倫理學係醫學倫理學的擴充，而醫學倫理學則屬於應用倫理學（applied ethics）的重要環節。當然倫理學正是哲學的核心內容，死亡學與哲學的關聯大體本於此。

應用倫理學有三大環節：生物醫學倫理學（biomedical ethics）、企業倫理學（business ethics）、環境倫理學（environmental ethics）。其中環境倫理學影響最廣，與每個人都切身攸關。企業倫理學對生活在工商業社會中的人也息息相關。至於生物醫學倫理學則相對較為專技性，與少數專業人員關係密切（Winkler & Coombs, 1993: 1）。

雖然三種應用倫理學各有所指，但其研究方法和面對不同情境的因應之道，卻是大同小異。這並非指傳統倫理學理論能夠超越歷史和文化，以不變應萬變。而是說在當前西方學界，已發展出應用倫理學來涵攝不同面向的實際論題。

應用倫理學強調應用的特質，使其具有深遠的實踐（praxis）意義。在這層意義下，整個社會科學可以視為應用倫理學或公共哲學（public philosophy）。其研究方法，乃是

相對於理論知識（episteme）的實踐知識般方法（phronesis-like methods）。換言之，應用倫理學不是把倫理理論或原則往特別的問題上套用，而是針對特別案例進行研究分析。且必須把權力（power）因素納入考慮，最終目的則是世界的永續發展（sustainable development）（Flyvbjerg, 1993: 11-27）。

二、醫學倫理學

醫學倫理學有兩層意義，其一是傳統的醫德學（medical morality），其二是現代的生物醫學倫理學。前者主要關涉醫療人員的自律，最能反映這種專業自律的活動，即是制定同行規約（code）。從如今仍在使用的古希臘〈醫師誓言〉（the Hippocratic Oath），到美國醫學會自十九世紀中葉楬櫫的〈醫學倫理規約〉，以及世界醫學會在二十世紀中葉訂定的〈國際醫學倫理規約〉，都是這種專業自律下的產物（Veatch, 1997: 6-12）。

現代生物醫學倫理學與生命倫理學的內涵大同小異，只是研究範圍稍窄，不處理諸如自殺、死刑、戰爭、動物權之類，不太關涉醫療活動的論題（Callahan, 1998: 64-66）。生物醫學倫理學的興起，源於二次世界大戰至 70 年代間，生物醫學科技快速發展所導致的道德危機（Winkler, 1993: 344-

345），哲學家 Stephen Toulmin 在 1982 年發表了一篇論文
〈醫學如何挽救倫理學的命脈〉（How medicine saved the life
of ethics），顯示出醫學在與倫理學結合時的主導地位
（Hoffmaster, 1993: 366-367）。

哲學家所察覺到在醫學倫理學中哲學的弱勢，更清楚表
現於醫師和科學家所撰寫的相關著作中。Murphy 等三人
（1997: 16-20)重新定義醫學倫理學，將之視為在經驗累積
的指引下從事理性分析，從而對具體臨床案例決策過程進行
系統研究。這已是堅決反對原則主義（principlism）掛帥的
脈絡主義（contextualism）（Winkler, 1993: 343）。

不過原則並未被摒棄，它只是從個人層面轉移到公共政
策層面。個人醫療決策視脈絡情境而定，全面衛生保健決策
卻不能無視對病人的傷害（vulnerability）（Thomasma, 1994:
347-348）。

三、生命倫理學

較醫學倫理學更為廣義的生命倫理學，是死亡學處理基
因相關倫理論題的基礎。死亡學通過生命倫理的考察，向上
游確認生命系統中的基因功能定位，向下游提倡死亡教育中
的基因知識普及。而由於人類基因治療涉及醫療行為，死亡
學在此同樣要向醫學倫理學求緣。

正因為生命倫理學涉及範圍太廣，不能一概而論，所以 Callahan（1998: 67-69）將之區分為四種類別：

- 理論生命倫理學──為生命倫理建立智識基礎，由哲學家和宗教學家主導。
- 臨床生命倫理學──處理臨床上照護個別病人的日常道德決策，由醫療衛生保健人員和病患共同主導。
- 統整與政策生命倫理學──對醫療衛生保健的法律或臨床規則及程序予以全面統整的（regulatory）考量，由法律專家和政策制定者主導。
- 文化生命倫理學──對各種生命倫理論題的歷史、意理（ideological）、文化、社會脈絡進行系統考察，由人文學家和社會科學家共同主導。

不過到了基因時代，臨床生命倫理學的處境有了微妙的變化。McCullough（1998: 3-9）分辨出兩種醫學模式：傳染病模式和分子醫學模式，前者是個人的（one patient at a time），後者涉及整個族群的資訊（population-based information），尤其是有血緣關係的親人。

四、基因倫理學

生物與非生物的根本差異，在於前者可以進行自身複

製。雖然有些非生物分子結晶時很像複製，但是生物在複製，同時也傳遞了遺傳訊息，結晶卻沒有這項功能。複製功能在高等生物是經由染色體交換來達成，染色體攜帶著遺傳的基本單位「基因」，基因是由大分子去氧核醣核酸（DNA）組成。每個人身上大約有三至四萬個基因，這些基因構成了人類的基因體（genome）。

1930 至 50 年代對生物大分子的研究，形成了一種新生物學，稱之為分子生物學，其最為世人所稱道的成就便是發現 DNA 的雙螺旋結構（Kay, 1993: 3-6）。DNA 結構的發現，為探索生命奧秘邁出了一大步。到了新世紀的今天，基因、DNA 這些名辭，已經成為人們日常語彙的一部分。如果人們對生死學的興趣，來自對自身命運的關注，那麼生命倫理甚至基因倫理受到關注，乃是勢之所趨，理所當然。

基因如今是一種可以深入研究的對象和隨意操弄（manipulate）的事物，逐漸深化的人類基因研究及治療，遂衍生出許多道德上的決策困境。基因研究帶來的是一場遺傳革命，它對人們的影響主要在三方面：食品製造、疾病控制、社會重構（Drlica, 1996: 143）。更重要的是基因賦予我們生命，且讓生命綿延永不止息，難怪有人要把基因比擬為神明（gods）（Avise, 1998: 3）。

近年最引人爭議的話題乃是複製人。人的複製雖然可視

爲基因不朽（immortality）的最佳體現，但這並不表示複製
人可能生活在其前人同一時空環境中，複製的意義因此也陷
入基因倫理困境中（Harris, 1998: 7-8）。

人類基因治療倫理學

一、生物研究與基因研究

傳統的生物研究路線是同中求異，雖然「生物學」一辭
遲至十九世紀初才由拉馬克首次提出，但是生物分類自古希
臘柏拉圖和亞理斯多德就已開始，十八世紀的林奈（Carl
Linnaeus）對此貢獻甚大。十九世紀中葉達爾文提出演化理
論，生物研究轉向異中求同，爲生物分類賦予了新義
（Magner, 1979: 341-392）。

達爾文的演化論和孟德爾的遺傳學，是十九世紀生物學
家爲二十世紀新生物學所作的準備。而異中求同路線的最佳
表徵，便是將生物科學融匯至物理科學內。分子生物學遂成
爲物理及化學研究。

值得注意的是，Kay（1993: 280-282）從生物學史的研
究中發現，生物研究在二十世紀前半期產生新生物學，以及
後半期走向遺傳工程技術，並非水到渠成，而是社會建構，

其中涉及一些大型基金會的意理主導。近年美國政府積極主
導推動的「人類基因體計畫」（the Human Genome Project,
HGP）亦是一例。

基因研究需要大量人力和經費，而其研究成果必然影響
社會至鉅，知識與權力遂在此交織糾纏，倫理議題也隨之應
運而生。近來「基因」一辭成為傳媒焦點，雖拜「複製」之
賜，但基因研究真正對人類前途產生深遠影響的取向乃是在
醫療方面。

Heller（1996: 50-54）歸結出 HGP 的三大應用面相
（phase）：

・促進遺傳篩檢，以偵測和診斷人類遺傳疾病。
・將診斷方法與結果納入主流醫學中，使之成為標準程
序。
・通過基因治療，嘗試治癒遺傳疾病。

由此可見，基因倫理的重點，無疑將落在人類基因治療
倫理上。

二、身體治療與基因治療

單就醫學立場看，人生病（ill）就需要治療
（therapy），其最佳結果便是痊癒（cure）。然而一旦跳出

醫學立場看，可以討論的議題就多了：什麼是疾病（disease）？追求痊癒是否忽略照顧（care）？人是否已被過度醫學化（medicalize）？上述議題的存在反映出醫學的差異性（differences），這種差異性來自人們對醫療活動所抱持觀點上的紛歧（diversity）。

總之，醫學的差異性，顯示了疾病可能是社會產物（social production）。或者說做為社會產物的疾病，彰顯出醫學的差異性（Mol & Berg, 1998: 1-8）。這點在用以區分身體治療與基因治療時不可不察。

因為遺傳科技已滲入主流醫療，所以當前醫療可分為身體診療和基因診療兩方面，基因治療又分為身體細胞基因治療（somatic cell gene therapy）和生殖細胞基因治療（germ-line gene therapy）兩類型。而就治療概念而言，另分為治癒或預防疾病（cure or prevention of disease）以及增長能力（enhancement of capabilities）兩層次（Juengst & Walters, 1998: 256-263）。

基因治療與傳統身體治療最大不同之處，即在於可預先找出無癥候的疾病（predispositions to disease in asymptomatic persons）（McCrary & Allen, 1994: 6）。這種預知功能的優點是防範於未然，缺點也正是防範之下的矯枉過正。譬如當一名考生現在有弱視，會被醫學系排除在外。而當一名考生

在遺傳篩檢下得知有某種未來可能發作的疾病，卻可能現在就被拒絕入學。基因決定了一個人的命運，也剝奪了他的隱私，疾病在此意義下成為社會產物。

三、身體細胞基因治療的倫理問題

非生殖細胞基因治療在治療的意義上，其實可以視為傳統醫療的擴充（extension）。換言之，身體細胞基因治療跟對症下藥或細胞及組織移殖，是同樣性質的醫療行為（Juengst & Walters, 1998: 260）。支持這種擴充論點的理由有三（Walters & Palmer, 1997: 36）：

- 身體細胞基因治療僅會及於非生殖細胞，不會影響下一代。
- 有些疾病通過基因治療或另類療法（alternative treatment）同樣有效。
- 基因治療技術，和一些已經廣泛運用的醫療性介入（medical interventions），如器官或組織移殖相當類似。

首例基因治療發生在 1990 年 9 月的美國，至今已有百餘病例，均由美國國家衛生研究院嚴格控管（Walters, 1997: 228-229）。

Walters 和 Palmer（1997: 37-44）把基因治療的基本倫理問題歸納爲七點，對身體細胞或生殖細胞基因治療同等適用；後者另有特殊問題需要考慮。這七點基本問題包括：

- 何種疾病需要治療？
- 對這種疾病是否有其他治療方式？
- 實驗性基因治療程序有何預期或潛在的傷害？
- 實驗性基因治療程序有何預期或潛在的益處？
- 爲確保慎選適當治療對象有何程序需要遵守？
- 爲確保治療對象及其家屬知情同意有何步驟需要採取？
- 病人的隱私和醫療資訊如何受到保護？

Juengst 和 Walters（1998: 261）把這七點簡化成四項：

- 預期效益和風險。
- 慎選治療對象。
- 知情同意。
- 保守私密。

四、生殖細胞基因治療的倫理問題

由上述基因治療的基本倫理問題可以看出，人類基因治

療倫理學，實際上就是扣緊醫學倫理和生命倫理問題的應用
倫理學。尤其在今日這個基因當道的時代，它的確有資格成
為應用倫理學的核心部分。

世人對基因治療所抱持的心態是矛盾的，可說是「既期
待又怕受傷害」，尤其是怕生殖細胞基因治療逐漸演變成優
生學（eugenics）。Walters 和 Palmer（1997: 82-86）整理出
八項反對觀點，可做為特殊倫理考量的起點：

- 改變生殖細胞可能造成不可逆的錯誤。
- 夫妻有遺傳隱疾可以有不同的選擇策略。
- 所費不貲但其效果卻是有限的。
- 被用做治療之外改善個體能力的目的。
- 可能進一步推廣至胚胎和胎兒的實驗。
- 科學家用以掌握知識和權力。
- 獨裁者用以控制和奴役人民。
- 對可能為人者的人權干預。

這些論點並非不可駁斥的，正反兩面立場都足以讓我們
深思。同樣地 Juengst 和 Walters（1998: 261-263）也歸結了
四項簡化觀點，用以涵蓋生殖細胞基因治療的倫理問題：

- 科學上的不確定性。
- 醫療資源的配置。

‧社會風險。

‧人權考量。

在基因世紀裡，由政府主導的基因篩檢可能導致基因歧視，基因治療遂在這種歧視情境中建立其正當性（Mehlman & Botkin, 1998: 49-51）。人的醫學化又一次被深化。

結合生死學與人類基因治療倫理學

一、生命系統的探索

系統指的是一種在定義上可以自給自足的分類，通常以其功能顯示之。例如，身體是一個系統，而心臟、肝臟等器官是次系統。次系統的功能必須放在主系統中始具意義。依序看，生命體的意義是相對於地球環境，地球做為星體的意義是相對於太陽系等等。生死學研究的基礎，是建立在以人為中心的生命系統上，人的生命系統和環境系統的互動，決定了人的生滅消長、成住壞空。

對於生命系統的瞭解，十九世紀的核心概念是「演化」，二十世紀是「分子」，二十一世紀無疑是「複雜」。傳統科學研究的指導綱領一向是「以簡馭繁」，通過分析工具肢解對象，有時難免見樹不見林。生死學建議在傳統的方

法之外，考慮順乎自然的「複雜性」思維，還其本來面目。
也許渾沌複雜正是生命的真諦。

渾沌（chaos）與秩序（order）相對，人在生病時感受到
失序渾沌的困擾，治病意味重新恢復已失去的健康之秩序，
而死亡則代表永遠脫序（ultimate disruption）（Becker, 1998:
37-38）。在這種醫療觀點中，人類基因治療可說是治標又治
本的作法；既能改善病灶，又能保證不再犯。

而當科學家喜孜孜地將人格、個性、脾氣、情緒都歸諸
基因效果時（Hamer & Copeland, 1998: 1-25），或認為基因
研究可以開創新的社會正義時（Dyson, 1999: 71-75），死亡
學卻嘗試扮演批判性的角色，為生命系統再定位。死亡學希
望基因治療能夠適時地改善人生品質，而非逾越地改變人性
命運。

二、生命倫理的擴充

生命的渾沌複雜性最明顯可見之處即是醫療活動中，病
人的治癒並非必然而是蓋然的。每個人對同一種病所承受的
風險不盡相同，甚至同一個人對同樣的病在不同時期感染的
結果都不同，醫師診斷治療遂不止是一種技術更是一門藝
術。醫療科技發達後，現代化醫院成為人們生老病死的主要
發生場域。其中有無數科技器材用於維繫病患的生命跡象，

卻無助於生命品質的改善。為解決這種生命的弔詭情境，生命倫理考量乃應運而生。

　　生命倫理學是醫學與哲學共同關注的課題。而包含人類基因治療倫理在內的基因倫理，則是組成豐富的生命倫理論述的一部分。本篇希望結合死亡學與人類基因治療倫理學，嘗試站在華人本土立場，從生死學看人類基因治療的倫理意涵。事實上，即是從較為豐富的、多元包容的生命倫理論述中，擷取一些較具批判性的觀點，做為省思基因治療倫理問題的起始，女性主義觀點便是一例。

　　女性主義學者在面對包含基因研究及治療在內的新遺傳學與遺傳醫學時，並不僅止於要質問新遺傳學是否忽略了女性的需要。她們質問的是更為本質的問題：新遺傳學是否為性別偏見下的產物（Stacey, 1999: 331-346）？女性主義也指出，基因研究及治療更加深化了健康的人與有病的人之間的差別，有些人因此被貼上標籤並加以隔離（Asch & Geller, 1996: 322-324）。這類論點不但跳出了主流醫學倫理見樹不見林的窠臼，也讓生命倫理論述得以大幅擴充，變得更為海闊天空。

三、基因教育的推廣

　　從生死學看人類基因治療的倫理意涵，如果仍舊停留在

既有的醫學倫理或生命倫理論述內，難免陷入見樹不見林的框限。因此筆者在本篇中建議，生死學觀點應走向後設論述（meta discourse）及另類論述（alternative discourse）的理論與實踐途徑，以期凸顯基因研究與治療的可能性和限制。

所謂後設論述，是對基因倫理學立論基礎的批判研究。例如，不但要談 HGP 內部的倫理意涵，還要從外部反思 HGP 的合理性與正當性。所謂另類論述，是對基因倫理提出一些非主流觀點。例如，前述女性主義觀點，或是佛教醫學倫理學等（Keown, 1995: 1-64）。有容乃大，唯有通過後現代多元化論述（postmodern pluralistic discourses）的批判檢討，人類基因治療的倫理意涵，方能真正揭露與彰顯。

本土生死學除了強調批判性外，同時也很重視實踐意義，臺灣近年所提倡的生命教育即是此一意義的體現。把基因教育納入生命教育的一環，無疑將使生命教育的基礎更穩固，內容更豐富。筆者主張將基因教育列為生命教育的重要課題，且是最根本的部分。基因研究已經形成為一種人為干預的演化型式，它所帶來的是非天擇（unnatural selection）（Wingerson, 1998: vii-xiii），其威力不可不知，亟待透過教育手段讓社會大眾有所察覺。基因教育一方面要傳播科技新知，一方面也要促進人文關懷。唯有科技與人文彼此良性對話，科技成果才得對人類社會真正有所裨益。

四、結合的限制

DNA 結構發現人之一 Watson（1992: 172）很關心基因倫理，當他在主導 HGP 時，要求設立倫理、法律、社會意涵（Ethical, Legal, and Social Implications, ELSI）研究分支單位，Heller（1996: 46-47）稱之為「ELSI 假說」。當然此一假說雖然照應到人文關懷，卻仍不脫為科技服務的目的，至少後一種情況的正當性從未被懷疑過。在生命科學領域中，Watson 是最積極提倡 DNA 中心教條（central dogma）的人。就像這位大師級的人物一樣，許多科學家崇拜基因，相信它是決定人類命運的神祇。然而這種對教條的迷信，正是生死學不願見者。

生死學與人類基因治療倫理學的結合，無疑有助於基因科技的人文關懷。但是這樣的努力如果出自人文學者之手，是否足以讓科技學者有所省察並自我調整，仍是有待考驗之事。畢竟基因研究及治療的成果皆出自科技專家之手，人文學者對其細節知之甚少，以致所作建議不易切中要義。筆者以為這種科際整合的努力需要的是，受過科技訓練的人文學者與受過人文訓練的科技學者相互交談。否則雙方受制於無知與成見，很難找到合宜的交點，更不用說聽從對方的意見了。

結 語

本土生死學是一門關心人類生老病死的整合性學科，其底線絕不止於爲科技服務，而是抱持懷疑和批判的態度去監督科技的發展。基因研究及治療在西方宗教的觀點中是一種對神明的僭越（Cahill, 1995: 341），宗教人士因此主張科學家不應該「扮演上帝」（playing God）。我們東方人雖然沒有這種禁忌，卻同樣認爲過度地「戡天」是一種不敬，這點值得所有科學家深思。

參考文獻

Asch, A., & Geller, G. (1996). Feminism, bioethics, and genetics. In S. M. Wolf (Ed.), *Feminism & bioethics: Beyond reproduction* (pp. 318-350). New York: Oxford University Press.

Attig, T. (1992). Person-centered death education. *Death Studies, 16*(4), 357-370.

Avise, J. C. (1998). *The genetic gods: Evolution and belief in human affairs.* Cambridge, Massachusetts: Harvard University Press.

Babcock, P. (1990). Death education changes coping to confidence.

In F. E. Selder, V. W. Barrett, M. M. Rawnsley, A. H. Kutscher, C. A. Lambert, M. Fishman, & M. Kachoyeanos (Eds.), *Nursing education in thanatology: A curriculum continuum* (pp. 35-44). New York: Haworth.

Becker, G. (1998). *Disrupted lives: How people create meaning in a chaotic world.* Berkeley: University of California Press.

Cahill, L. S. (1995). "Playing God": Religious symbols in public places. *The Journal of Medicine and Philosophy, 20*(4), 341-346.

Callahan, D. (1998). Bioethics. In W. T. Reich (Ed.), *The ethics of sex and genetics* (pp. 64-73). New York: Simon & Schuster Macmillan.

Crase, D. (1989). Death Education: Its diversity and multidisciplinary focus. *Death Studies, 13*(1), 25-29.

Drlica, K.A. (1996). *Double-edged sword: The promises and risks of the genetic revolution.* New York: Addison-Wesley.

Durlak, J.A. (1994). Changing death attitudes through death education. In R. A. Neimeyer (Ed.), *Death anxiety handbook: Research, instrumentation, and application* (pp. 243-60). Washington, D. C. : Taylor & Francis.

Dyson, F. J. (1999). *The sun, the genome, and the internet: Tools of scientific revolutions.* New York: Oxford University Press.

Flyvbjerg, B. (1993). Aristotle, Foucault and progressive phronesis: Outline of an applied ethics for sustainable development. In E. R. Winkler & J. R. Coombs (Eds.), *Applied ethics: A reader* (pp. 11-27). Oxford: Blackwell.

Grad, G. J., & Gullo, S. V. (1987). Education in thanatology. In A. H. Kutscher, A. C. Carr, & L. G. Kutscher (Eds.), *Principles of thanatology* (pp. 67-79). New York: Columbia University Press.

Hamer, D., & Copeland, P. (1998). *Living with our genes: Why they matter more than you think.* New York: Anchor.

Harris, J. (1998). *Clones, genes, and immortality: Ethics and the genetic revolution.* Oxford: Oxford University Press.

Heller, J. C. (1996). *Human genome research and the challenge of contingent future persons: Toward an impersonal theocentric approach to value.* Omaha, Nebraska: Creighton University Press.

Hoffmaster, B. (1993). Can ethnography save the life of medical ethics? In E. R. Winkler & J. R. Coombs (Eds.), *Applied ethics: A reader* (pp. 366-389). Oxford: Blackwell.

Juengst, E., & Walters, L. (1998). Gene therapy. In W. T. Reich (Ed.), *The ethics of sex and genetics* (pp. 256-263). New York: Simon & Schuster Macmillan.

Kastenbaum, R. (1989). Thanatology. In R. Kastenbaum & B.

Kastenbaum (Eds.), *Encyclopedia of death* (p. 267). Phoenix, Arizona: Oryx.

Kay, L. E. (1993). *The molecular vision of life: Caltech, the Rockefeller Foundation, and the rise of the new biology.* New York: Oxford University Press.

Keown, D. (1995). *Buddhism and bioethics.* London: Macmillan.

Magner, L. N. (1979). *A history of the life sciences.* New York: Warcel Dekker.

Leviton. D. (1977). The scope of death education. *Death Education; 1*(1), 41-56.

McCrary, S. V., & Allen, W. L. (1994). The Human Genome Initiative and primary care. In J. F. Monagle & D. C. Thomasma (Eds.), *Health care ethics: Critical issues* (pp. 6-11). Gaithersburg, Maryland: Aspen.

McCullough, L. B. (1998). Molecular medicine, managed care, and the moral responsibilities of patients and physicians. *The Journal of Medicine and Philosophy, 23*(1), 3-9.

Mehlman, M. J., & Botkin, J. R. (1998). *Access to the genome: The challenge to equality.* Washington, D. C. : Georgetown University Press.

Mol, A., & Berg, M. (1998). Differences in medicine: An introduction. In M. Berg & A. Mol (Eds.), *Differences in medicine: Unraveling practices, techniques, and bodies* (pp.1-12). Durham, North Carolina: Duke University Press.

Morgan, J. D. (1984). Death education as a liberal art. *Death Education, 8*(3), 289-297.

Murphy, E. A., Butzow, J. J., & Suarez-Murias, E. L. (1997). *Underpinnings of medical ethics.* Baltimore: The Johns Hopkins University Press.

Stacey, M. (1999). The new genetics: A feminist view. In T. Marteau & M. Richards (Eds.), *The troubled helix: Social and psychological implications of the new human genetics* (pp. 331-349). Cambridge: Cambridge University Press.

Thomasma, D. C. (1994). The ethics of medical entrepreneurship. In J. F. Monagle & D. C. Thomasma (Eds.), *Health care ethics: Critical issues* (pp. 342-349). Gaithersburg, Maryland: Aspen.

Veatch, R. M. (1997). Medical ethics: An introduction. In R. M. Veatch (Ed.), *Medical ethics* (2nd ed.) (pp. 1-27). Boston: Jones and Bartlett.

Walters, L. (1997). Reproductive technologies and genetics. In R. M. Veatch (Ed.), *Medical ethics* (2nd ed.) (pp. 209-238). Boston: Jones and Bartlett.

Walters, L., & Palmer, J. C. (1997). *The ethics of human gene therapy.* New York: Oxford University Press.

Wass, H. (1977). From the editor. *Death Education, 1*(1), 1-3.

Watson, J. D. (1992). A personal view of the project. In D. J. Kevles & L. Hood (Eds.), *The code of codes: Scientific and social issues in the human genome project* (pp. 164-173). Cambridge, Massachusetts: Harvard University Press.

Wingerson, L. (1998). *Unnatural selection: The promise and the power of human gene research.* New York: Bantam.

Winkler, E. R., & Coombs, J. R. (1993). Introduction. In E. R. Winkler & J. R. Coombs (Eds.), *Applied ethics: A reader* (pp. 1-8). Oxford: Blackwell.

Winkler, E. R. (1993). From Kantianism to contextualism: The rise and fall of the paradigm theory in bioethics. In E. R. Winkler & J. R. coombs (Eds.), *Applied ethics: A reader* (pp. 343-365). Oxford: Blackwell.

女性主義生命倫理學——
性別生命教育的哲學基礎

　　生命教育和性別平等教育是近年臺灣正規教育系統內的重要課題，雖然少以正式課程推行，卻是各級學校教師研習的重點項目，可視為教師人格修養及教學知能的一部分。筆者曾經從事專科、大學與碩士層級的生命教育工作，並對性別教育相關論題長期持續進行研究，乃嘗試將性別教育與生命教育相關議題融會貫通，結合成具有哲學批判意義的性別生命教育（gendered life education），本篇即屬此一嘗試的哲理基礎奠定。

　　性別教育和生命教育皆為西方文化產物，筆者希望正本清源，通過文獻分析，檢視女性主義生命倫理學（feminist bioethics）成為性別生命教育哲學基礎的可能。且將其擴充至「愛」的教育實務考察，以做為正規教育推廣的參考。

生命倫理學與生命教育議題

一、死亡學與生命倫理學

　　因為諱言死亡，西方的死亡學（thanatology）在臺灣稱為「生死學」，而死亡教育則被視為「生死教育取向的生命教育」。死亡學原意為死亡研究（death studies），人們可以自死亡的探究中體認到生命的脆弱與價值（Corr, Nabe, &

Corr, 1997: 528-529）。「未知死，焉知生」乃是死亡學的真諦，這也正是美國最著名的死亡學教科書要命名爲《死亡與臨終・生命與生活》（*Death and Dying, Life and Living*）的原因。筆者自西方死亡學文獻中，歸結出與死亡相關的四門專業實務次學科（sub-discipline）：死亡教育（death education）、臨終關懷（terminal care）、悲傷輔導（grief counseling）、殯葬管理（funeral management）。死亡學的理論基礎涵蓋了自然科學、社會科學與人文學三大知識領域，核心學術則自「生物／心理／社會／倫理／靈性」一體五面向進行整合研究，無所偏廢。

　　生命倫理學是倫理學尤其是應用倫理學的分支，而倫理學則是哲學的分支。生命倫理學探討生物科技和醫療照護的倫理議題，需要運用哲學推理及論證（Kuhse & Singer, 1999: 1）。因此生命倫理學可說是一門由人文向科技進行整合的學科，雖未直接涉足社會科學，卻對個體與群體的心理和社會面向保持高度興趣。這使得生命倫理學不止停留在理論探究層面，更形成爲入世的實務專業，像西方國家在醫院中任職的臨床倫理師（clinical ethicist）、倫理諮商師（ethics consultant），以及參與醫院、衛生保健主管機構和政府的生物醫學倫理委員會成員等，皆各有其用武之地（Moreno, 1999: 576-582）。

從這個角度看，生命倫理學相當類似死亡學的專業實務次學科。本篇首先即嘗試結合生命倫理學與死亡學中的死亡教育，結合方式是用生命倫理學去分析死亡教育中的特定議題，如避孕（contraception）、墮胎（abortion）等。

二、從死亡教育到生命教育

在探討死亡教育重要議題之前，筆者必須當下釐清在臺灣這個特定時空脈絡中，推行死亡教育可能面臨的一些情境，此即名相界定問題。目前在臺灣通行三個範疇部分重疊卻不盡然相同的名稱：死亡教育、生死教育、生命教育，其中前者為西文譯名，後二者為本土稱謂。由於華人忌諱談死，部分學者遂借題發揮，託生言死，將西方的「死亡學」及「死亡教育」說成「生死學」及「生死教育」，以為此說較為中性而可取。殊不知教育主管當局寧取更具正向意義的「生命教育」，做為推廣普及的名稱，列為小學至大學十六年正規教育的重點項目。

筆者身為教學與研究工作者，雖然認為教研項目理當擇名以實，但是像教育實踐這般大工程，順應政策方向，借力使力，或能事半功倍。因此筆者建議今後應以廣義「生命教育」一詞，涵蓋死亡教育或生死教育議題。目的無非是希望多方推廣相關理念，使得教育理想儘早實現。

對筆者而言,在臺灣推行生命教育尚具有開展本土倫理教育的人文意義。相對地,源自美國的死亡教育大多由行為社會科學家主導。這種肇始於 1960 年代美國的死亡教育運動（death education movement）,將學校教育與心理輔導合流,形成一個聲勢浩大的全球性非營利組織——死亡教育與輔導協會（Association for Death Education and Counseling, ADEC）（Leviton, 1999: 3-19）。臺灣由於仿效美國,近十年也開始強調死亡教育與悲傷輔導,其中對生命的基本關懷較少觸及,讓一些對死亡未具強烈感受的學習者望而卻步。改善之道不妨以「生命教育」為名,自生死一線之兩端、一體之兩面的奧義講起,順水推舟,久之則多元的教育效果自然達成。

三、生命倫理學與生命教育

在當前臺灣這個特定時空脈絡中,由於政府全面提倡「生命教育」,因而受到各級學校矚目。但也正因為它在理念與實施上的多元可能,聞者彷彿莫衷一是。不過生命教育自 1998 年秋季起實施至今,無論是省級或中央單位,決策者均參照人文學者的意見,使其定位接近倫理教育。這與筆者心目中的生命教育圖像及方向大致符合,本篇即是自倫理教育或更廣泛的人文教育立場來處理生命教育相關議題。

在生命倫理學的觀照下，生命教育首先必須對「生命」的意義與價值有所把握。Franklin （1998a: 437-439）指出，西方傳統下的「生命」概念，具有宗教、哲學和科學三種意涵：

- 猶太——基督宗教傳統，視生命為上帝的禮物。
- 亞里斯多德哲學傳統，視生命為使實體（entity）活現的靈魂或生命力（vital force）。
- 達爾文科學傳統，把生命視為像牛頓式重力般可通過科學解讀的原則形式。

人文與科技學者在處理「生命」議題時，遂有本質（essence）與現象（phenomenon）的著眼不同，以及形上學（metaphysical）與知識學（epistemological）的立場差異。生命教育在推廣之前，應對此有所分判，否則便會產生歧義與溝通不良。

生命倫理學可以提供生命教育的最佳議題乃是墮胎，以及相關的議題如避孕等生育控制（fertility control）（Franklin, 1998b: 441）。墮胎究竟是基本母權還是殺生，涉及生命定義與人命價值等問題，自古即爭議不斷。本篇自此出發，先行反思避孕與墮胎等議題。由於這些議題還夾雜有性別因素，此向為主流觀點所忽視，需要經由另類觀點予以彰顯，

筆者在其後即對此多所著墨。

四、生命教育──避孕

避孕和墮胎均屬於生育控制措施，由來已久。但是一直到二十世紀，由於醫藥科技的進步發達，才使得這些措施變成更為有效且較為無害。避孕和墮胎在醫療上的普及，僅顯示科技方面的可能，並不意味倫理方面的必然。以生命倫理為內涵的生命教育，或可有助於年輕人在面對生育控制各種可能時，做出更周延、更適當的決策。

時下避孕方法可分為永久法及暫時法兩種。永久法的作用類似節育（sterilization），包括對男性的輸精管切除與對女性的輸卵管結紮，一勞永逸。暫時法則包括口服藥物、皮下植入藥物、黃體素注射、子宮內避孕器、阻隔法、自然法、性交中斷法等，各有利弊（Policar, 1998: 201）。在這些多樣方法的背後，存在著一些更基本的問題：為什麼要避孕？誰可以避孕？無疑屬於倫理抉擇。

西方人的倫理觀源自兩種古老傳統：希臘哲學、猶太──基督宗教。古希臘的柏拉圖和亞里斯多德並不反對避孕，但是隨之斯多亞學派（Stoicism）採行禁慾主義，其主張影響及三百年後出現的基督教會。教會把避孕同娼妓與婚外情連結在一道，長期予以道德譴責，演成天主教至今仍反對

夫妻間人工避孕。不過當前哲學家和大部分宗教家均對婚內避孕沒有意見，爭議多來自非婚避孕，對此道德哲學家和宗教家的立場實有所不同。

宗教家的倫理觀傾向保守，認為非婚避孕助長道德淪喪，不應為之。而多數哲學家則持務實態度，認為在流行的非婚關係中從事避孕具有較少的惡（lesser evil），理當提倡（Curran, 1998: 215-219）。筆者主張將這兩種立場均納入學校生命教育中，讓師生論辯對話，從而建立明智的個人信念，以此做出適當的倫理抉擇。

五、生命教育 —— 墮胎

從生育控制方面看，墮胎是伴隨避孕、節育而來的另一項措施，尤其是避孕失敗後的權宜之計（Curran, 1998: 221）。但事實上墮胎和避孕及節育有著本質性的不同；避孕及節育屬於避免受孕的未雨綢繆作法，墮胎則為去除受精卵、胚胎或胎兒的亡羊補牢措施。後者顯然不只是道德缺點的問題，更涉及了「殺生」與否的爭論。

目前墮胎方法可分為化療法與手術法兩種。化療法使用於懷孕頭七週內，以藥物阻絕黃體激素分泌，讓受精卵或胚胎無法存活。手術法用於懷孕前三個月者為子宮吸刮術；而針對懷孕三至五個月者的手術法有二，一為擴張子宮頸以進

行真空吸引胎兒，另一爲羊膜穿刺以注入藥劑殺死胎兒
（Rosenfield & Iden, 1998: 2-3）。近年這些手術或藥物通過
專家之手，對孕婦的安全性大幅提昇，使得反對墮胎人士不
易以母體安全做爲辯護，但墮胎仍是生命倫理學中最棘手的
議題。

隨著產前檢查和遺傳疾病偵測技術的進步，將具有嚴重
缺陷的胎兒予以流產並無可厚非。但是接踵而來的各式各樣
墮胎理由，往往使問題變得複雜甚至無解。Macklin（1998a:
14）即指出，認爲墮胎是無解道德難題的擔心是可以理解
的。而把墮胎放在多元社會（pluralistic society）的政治議題
中，更有可能陷入各自表述，無可適從。不過他還是楬櫫了
三項因墮胎所產生的基本倫理爭論（Macklin, 1998b: 6-
15）：

・胎兒有沒有獨立的位格（personhood）？
・贊成或反對墮胎是否侵犯了胎兒或母親的權利？
・限制墮胎的結果是否會對婦女造成更多的傷害？

由於這些爭論皆涉及懷孕的母親和她腹中的胎兒，足以
讓我們從另一個角度省思解決之道，那便是女性主義。

女性主義倫理學與性別教育議題

一、女性學與女性主義倫理學

　　臺灣每年暑假結束都會出現「九月墮胎潮」，從國中到大學的少女及青少女在夏日激情過後，紛紛找上婦產科求診。如此年復一年，只見年齡下降和人數升高，讓父母家長和有識之士憂心不已。近年教育主管當局大力倡導性別平等教育，總算讓大家正視問題的嚴重性。但是墮胎依舊流行，為情走上絕路的社會新聞亦屢見不鮮。由於墮胎和自殺屬於生命教育的核心議題，當它們因為兩性關係的糾葛而引起時，性別教育同生命教育便出現交會的可能。諸如像「她為什麼會懷孕？又為什麼要墮胎？」「她怎麼會想不開而自殺？」等問題，若要追根究柢、正本清源，有必要從性／性別／權力（sex／gender／power）的觀點來進行倫理分析批判，而女性主義正好對此具備充分的反思和批判能力。

　　女性主義是針對人類三大偏見—— 階級主義、 種族主義、 性別主義——之一的性別歧視而發，屬於整個意識覺醒運動（consciousness-raising movement）的一環。女性主義在社會上促成女權運動，在校園中開出女性學（women's studies）。女性學一方面爲探索女性相關議題的整合學科，一方面也回顧批判既有學科中有意無意忽略女性立場和聲音的偏差。如此便自哲學反思和批判中創生女性主義倫理學，她們一方面關心有關女性的倫理議題，一方面檢討傳統倫理學忽視女性的狀況（Jaggar, 1991: 79-81）。這種情形頗類似於近三、四十年前死亡學與生命倫理學逐漸勃興後，相對於傳統哲學倫理學所凸顯的創新意義。

二、從性教育到性別教育

臺灣是一個忌諱談「性」論「死」的社會，偏偏性與死皆與人生息息相關，無從逃避。性議題與死亡議題既然非說不可，只好靠修辭（rhetoric）來推展落實。所謂修辭即類似把死亡教育說成「生命教育」，把性教育說成「愛的教育」，讓教導者及學習者皆能擺脫情結並撤除心防，從而坦然交流溝通。

以性教育爲例，無論早年的生理衛生課程，還是後來的健康教育課程，制式教化終不免演成聊備一格，虛應故事。近年雖然加以性別平等教育上陣，然而教育主管當局以及老師和學生的心態與價值觀若不能有效調整，再多的教育宣導也難以改善家庭、學校、職場內男女權力與處境的落差。心態與價值觀的調整要靠意識覺醒，像女性主義這般另類聲

音，多少可收振聾啓聵之效。

性教育的理論源自於性學（sexology），性別教育的理論則奠基於性別學（gender studies）。女性主義啓蒙足以使性教育提昇爲性別教育，把號稱價值中立（value-neutral）的科學論述，轉變爲價值載負（value-laden）的倫理論述。性學和性教育一上來就假定人擁有正常的性，必須終身行之。不過根據女性主義性學家 Tiefer（1995: 12-13）的分判，性常態（sexual normalcy）至少可以從五方面進行考量：主觀的、統計的、理想的、文化的、臨床的。如此一來，人們對自己是否正常耿耿於懷，反而顯得不切實際。

當然教育的目的不是教人離經叛道，卻也無需指引一個虛懸的目標。其實性教育也好，性別教育也好，無非開導學生反身而誠，探索自我和本身與環境的關係，藉以安身立命。因爲世間有男有女，與同性及異性相處融洽與否，相當程度影響及我們的自我安頓。尤其是身心正逐漸臻於成熟的青年學子，性與愛成爲他們接受性別教育的首要議題。

三、女性主義倫理學與性別教育

哲學家 Stephen Toulmin 在 1982 年發表了一篇論文〈醫學如何挽救倫理學的命脈〉（How medicine saved the life of ethics），顯示包含醫學倫理學在內的生命倫理學對傳統倫理

學所體現的啓蒙（enlighten）意義。同樣地，女性主義倫理學對傳統倫理學也有所啓蒙；尤有甚者，它更帶來顛覆既有價值的力量。女性主義長期以來即被許多男性視爲洪水猛獸般的妖言惑眾，這是因爲女性主義不只爲學術園地內的另類聲音，更屬具有政治企圖的社會運動。事實上女性主義並非單一聲音，而是包容各方雜音的多元論述。

　　就倫理學而言，Tong（1993: 4-11）區別出陰性倫理學（feminine ethics）和女性主義倫理學的差異。她認爲陰性倫理學來自陰性意識，傳統上視爲常見於女性的性別特徵（gender traits），例如，養育（nurturance）、惻隱（compassion）、關懷（caring）等，同樣也屬於正向的人性特徵（positive human traits）。而女性主義倫理學則來自女性主義意識，當女性意識到自身正處於被男性及其觀念宰制（subordinated）時，她們便團結起來追求解放（emancipation）。筆者發現這兩類倫理學均足以做爲性別教育的豐富內涵而加以推廣。

　　性別教育不止要教導女生，更要影響男生。時下男生女生最感興趣的話題不外乎性與愛，性別教育自此二項議題著手，或可收事半功倍之效。但性別教育並不等於性教育。性別教育可說是接受女性主義啓蒙後的「愛的教育」。性別教育包括兩個層次：女男有別和女男平等。在差異層次應以陰

性倫理學爲依歸，強調人性關愛與互信；在平等層次應以女性主義倫理學爲依歸，仿效男性強勢作爲在男性世界爭取出頭天。如此剛柔並濟，女生方能跟男生相處融洽。

四、性別教育 ——性

性議題牽涉極廣，筆者僅就倫理方面加以分析。受到女性主義啓蒙的自由派倫理學家 Belliotti （1993: 175-186）歸納出自古至今性道德的六點錯誤：以簡馭繁、抽象掛空、忽略歷史、劃地自限、壁壘分明、異中求同。他認爲性事是複雜的、具體的、脈絡的、擴散的、模糊的、異質的，亟待建立較爲周全的性倫理學（sexual ethics）以爲因應。他就此構思出一套不同的倫理架構，稱之爲「五層性道德」（sexual morality in five tiers），用以集各家之大成（synthesis）。

Belliotti（1993: 195-209）的五層論一方面融匯了傳統主流思想，一方面也包容了當代基進（radical）批判。後者他指的是馬克思主義和女性主義。簡言之，所謂「五層性道德」包含：

- 尊重個體自主的自由式同意（libertarian agreement）。
- 因應各種情況的一般道德衡量（general moral

considerations）。

・非強制的相互為用（sexual exploitation）。

・考慮對雙方以外者的影響（third party effects）。

・體察應顧及較廣的社會脈絡（wider social context）。

哲學家倡導的性倫理架構並不能遏止意理之爭（ideological disputation），但至少提供了教育綱領。倘若推行性教育意味傳統主流思想的實踐，則把性教育擴充為性別教育即是包容現代與後現代的另類批判觀點。性別教育不必要揚棄傳統價值，卻也無需照單全收。傳統思考傾向於異中求同，批判觀點多主張同中存異。女性主義者擔心一旦趨同便會陷入由男性主導的意理不克自拔，因此強調存異以保持具有陰性特色的價值觀。尊重差異可說是性別教育的真諦。

五、性別教育——愛

二十世紀的女性主義經歷了兩波發展。世紀初主張女男平等，爭取法律、政治、經濟、社會各方面權利的平起平坐。中葉以後爭取的則是女男有別，強調女性應該自男性觀點和行動的宰制中掙脫，以建立自身的主體性（subjectivity）。以尊重差異為宗旨的性別教育，在施行過程中首要提倡的，便是男生女生相處時的互為主體性

（intersubjectivity）。所謂互為主體性，即是隨時謹記把對方當作「人」相互對待，而非當作「物」便於利用。這種對待方式的最高境界就是愛。

年輕人看見「愛」字往往聯想到「性」，其實愛具有相當廣泛的意涵，涉及性關係的愛僅是其中一種。Post（1998: 453-457）自生命倫理學觀點分辨出三種愛：

- 人道的愛（love for humanity）。
- 選擇的愛（preferential love）。
- 親情的愛（parential love）。

其中選擇的愛又包括浪漫愛（romantic love）和伴侶愛（companionate love）。

浪漫愛的特徵是強烈嚮往與對象結合、高度身體感應、美感吸引、希望互通有無、表現某種程度的慈祥，以及將對象理想化。伴侶愛的特徵是歡愉、接受、承諾、信任、尊重、互助、傾吐、瞭解，以及自動自發。這些特徵多少屬於人性中的陰性價值。而從前者走到後者，大體即是從戀愛到結婚的道路。

從戀愛到結婚雖然乍看起來有點老套，但是以性別教育開導男生，讓他們懂得終身持續彰顯愛情中的陰性價值，而非暫時放下身段表現陰柔以博取女生歡心，則愛情故事便沒

有權力鬥爭，而婚姻生活也不再是宰制剝削了。在這種情況下，愛是一種情欲關係（erotic relationship）（Gregor, 1995: 334）。相愛雙方互為主體，揮別權力的陰影，擺脫性徵區分與性別角色的刻板印象，讓愛在相愛的人之間自然流動（Solomon, 1998: 61-63）。

女性主義生命倫理學與性別生命教育

一、性別生命教育

生命教育可以著力的點有許多，在臺灣先後被教育主管當局視為提倡重點的乃是自殺防治和災後心理重建。1998 年生命教育在臺灣從中學層級一上馬起跑，即遭逢一樁震驚社會的資優高中女生為情尋短事件。本篇所處理的生命教育議題，同樣針對年輕人因為感情因素而輕忽生命的種種表現而發。筆者認為要在這方面正本清源加以改善，必須在生命教育中納入具有批判精神的性別意識始能奏效。

性別與性是有所差別的，女性主義對此分辨得十分清楚。Tierney（1991: 153）指出，性所代表的是兩性在形態與生理方面的生物性差異；性別則是兩性通過社會性發展所呈現出角色、行為、個性等方面的區別，屬於文化建構

（cultural construct）。例如，將親屬系統（kinship systems）奠基於婚姻關係，無形中使得原本只是生理有別的男性和女性（male and female），變成不完整的兩半（incomplete half），即男人和女人（men and women），必須通過結婚以求合一（Rubin, 1995: 173）。

兩性是自然條件，婚姻是文化產物，結婚與否在此可以「盡人事，聽天命」。換言之，生為男女由不得自己，要不要找伴侶卻可以自求多福。許多少男少女陷入愛情泥淖中不克自拔，甚至走上絕路，多少是因為忽略了善盡人事的重要。此外性別差異尚且涉及權力、財產等因素，使得男人和女人在自殺動機及行為上皆有所不同（Canetto, 1997: 138-167）。這些研究告訴我們，性別意識在生死大事中可能產生的影響力。

二、女性主義生命倫理學

以生命倫理學做為生命教育的哲學基礎，可以有效檢視諸如避孕、墮胎等議題。但是唯有將女性主義觀點導入生命倫理學中，方能有助於推展具有性別意識的生命教育。生命倫理學是 1970 年代初期西方國家的產物，女性主義也在同一時期開始風起雲湧。但是三十年來生命倫理學似乎無視女性主義的存在，Wolf（1996:14-21）歸結出四種原因：

- 生命倫理學傾向談論抽象原則而忽略了個別的差異。
- 生命倫理學擁抱自由個人主義而忽略了團體的重要。
- 生命倫理學著眼於政府和醫院而忽略了弱勢的族群。
- 生命倫理學在學術界故步自封而忽略了新近的思潮。

她認為女性主義看重脈絡、重視弱勢族群和團體，以及與後現代主義同樣蔚為顯學，都值得生命倫理學與之合作。

將女性主義觀點導入生命倫理學，使得任何一個涉及生命倫理的考量，都必須納入社會現存權力關係的脈絡（Sherwin, 1996: 56-59）。在權力關係消長的省思下，所有性別宰制和歧視都無所遁形。而發生在衛生保健機構中的性別宰制和歧視，無疑屬於生命倫理學必須正視的課題。

Dresser（1996: 144-146）舉出 1960 年代末期發生在美國的女性保健自力救濟運動（women's self-help health movement）為例，這場多采多姿的運動對存在於醫療界中的性別議題，起了一定的改善作用。這些議題包括：

- 女性病人面對男性醫師父權作風的不悅感受。
- 女性居於衛生保健人力資源主力卻沒有獲得相對的尊重。
- 衛生保健系統長期忽視女性及其他弱勢族群的需求。

三、愛的教育 —— 生育

　　以女性主義生命倫理學為哲學基礎的性別生命教育，教導年輕人瞭解愛的真諦，同時也要懂得珍惜生命。這些看似老生常談的教誨，在通過性別意識覺醒的洗鍊後，會變得別有一番新意。帶有性別意識的生命教育，可以視為兩性之間「愛」的教育。在女性主義批判觀點下，兩性情愛的前提是尊重與分享，而非物化與宰制。

　　以女性主義生命倫理學分析愛的教育三項議題：生育（childbirth）、避孕、墮胎，得以為這些行為賦予道德上的意義。在女性主義者看來，掌握擁有自己身體的權力，方能享受由此而生的權利。Warren（1992: 209-213）對生育的道德意義作出論證，她強調生育是一個里程碑；是母親孕期的結束，也是嬰兒新生的開始。嬰兒與有感受力的胎兒不可同日而語，因為在同一個身體內，只有一個人擁有完整的權利，那就是母親的權利。一旦嬰兒誕生，立刻擁有屬於自己的完整權利，誰也不能剝奪。

　　在女性主義的分析下，生產（parturition）和生育是兩件事；前者指的是母親分娩的生理過程，後者指的則是母親對此的體驗、賦予意義與行為反應（Jordan, 1991: 53-57）。生下愛的結晶，享受為人母親的樂趣，是許多女人的心願。但是先前與男性交往而受孕的經歷必須是成熟的、愉悅的愛

戀，而非讓激情沖昏了頭，造成一生不可磨滅的陰影。性別平等教育或性別生命教育，應該培養學生感性、理性、悟性三者兼備。尤其在憑藉直覺的感性氾濫情況下，強化汲取知識的理性和施展智慧的悟性，無疑更為重要。

四、愛的教育——避孕

隨著醫藥科技的進步，現今避孕的風險已大幅降低，而其副作用也減到最小。但這只代表技術的進步，女性主義所關心的則是心智的成熟。「男大當婚，女大當嫁；不孝有三，無後為大」係傳統民族文化對社會成員提出的指導綱領，結婚生子成為踏入社會的不二法門。如今人們已走入後現代，選擇的項目得以從一項增為四項：結婚生子、非婚生子、頂客一族、單身貴族。

性自由（sexual freedom）在可靠的避孕和方便的墮胎推波助瀾下，使男女往還不必然要有信諾（commitment）關係，同性戀更得以化暗為明（Hunter College Women's Studies Collective, 1995: 316-319）。但是我們不禁要問：年輕人真的具有成熟的心智，能夠在多元選項中作出明智的抉擇嗎？

兩性或同性交往是一種生活方式的選擇，但是與配偶或伴侶決定要不要生孩子，則關涉到另一條生命的選擇。女性主義所提倡的性別意識覺醒，建議女性儘量將生育、避孕、

墮胎的主權操之在我，畢竟這些決定最後都落實在自己身體上。近四十年，拜避孕與墮胎合法化之賜，美國女人爲了做母親還是做自己爭論不休（Hunter College Women's Studies Collective, 1995: 278），終究是一種反省的工夫。我們這兒的女性還沒有想得那麼遠，但若能把婚前健康檢查澈底推行，也算是保障家庭、造福社會了。

避孕技術的改良，使得現代女性有機會重新省視自己的身體和性事。1940、50 年代 Alfred Kinsey 和 60、70 年代 William Masters 與 Virginia Johnson 的劃時代性學研究，爲兩性身體解放奠定了理論基礎（Bullough, 1994: 192-203），接下去就要看人們是否具有成熟的智慧以迎接心靈的解放。

五、愛的教育 —— 墮胎

避孕與墮胎成爲安全可行的節育方法，是二十世紀下半葉的事。女性主義意理與這些新科技的突破及推廣相互呼應，遂造成一股女性爭取自主的風潮。1969 年春天在美國波士頓有一群女性組成一個自力救濟團體，希望改善女性健康問題。1973 年這個名爲「波士頓女性健康集體」（Boston Women's Health Collective）的組織出版了一本經典著作《我們的身體，我們的自我》（*Our bodies, our selves*），頓時成爲前述女性健康運動的聖經，其影響力擴散及全球（Pringle,

1998: 202-207）。而這年也正是美國墮胎合法化的一年。

　　墮胎議題在醫療陣營和女性主義陣營中都占有一席之地，但是醫療倫理學傾向將它抽象化、普遍化，女性主義卻主張具體化、脈絡化，即將之體現於女人的生活中（Sherwin, 1992: 26-27）。這點對本篇所提倡的性別生命教育甚具啓發意義。性別生命教育落實爲「愛」的教育，必須淺顯易懂，具體可行。太抽象的大道理只能列爲政策規劃擬定的參考。

　　Hunter College Women's Studies Collective（1995: 443）發現，女性健康運動的興起，促成三方面革新：

- 女性知的需要。
- 女性自主選擇的需求。
- 女性在男性中心（pallocentric）衛生保健系統中受到的傷害。

　　這些革新措施同樣可以引申用於性別生命教育中，僅需把最後一項擴充爲女性在男性中心社會建構中所受到的有形與無形傷害。長期以往，女性無意中受到男性價值觀點的薰習，自願屈就男性以下的第二性。如今是到了爭取出頭天的時候了。

結　語

　　1960 年代是一個風起雲湧的時代，美國有反戰和民權運動，歐洲有學生運動，大陸則出現文化大革命。生命倫理學受到當時各種社會運動的滋養，逐漸成熟為一門學科。種種社會運動中，由女性主義者領導的女權運動，在避孕與墮胎臻於安全無虞的情況下，開始爭取自身有關生殖的種種權利（Kuhse & Singer, 1998: 7-8）。當然女性這種爭取自身權利的作為，不免會跟男性既得利益有所衝突，因而導致權力的消長。以女性主義生命倫理學做為性別生命教育的哲學基礎，並非紙上談兵的空論，而是提供生活實踐的指導綱領。

　　臺灣的生命教育載負了太多的任務，從欣賞生命、找回自我到防災的居安思危，本篇無法一一詳述。僅能就筆者在大學、專科、高職二十年教學經驗中，所接觸到學生於課業之外最感興趣也最困擾的兩性問題，放在生命教育的架構中加以闡述。事實上，1998 年秋季臺灣生命教育起跑之初，正好遭逢一名高中資優女生為情所困走上絕路的悲劇事件。筆者對此的感受是認為女性應該學習做一個強者，做自己命運的主宰，避免再被男性和男性的價值觀牽著鼻子走。

　　筆者身為男性，在思維中自有弱點和盲點。學習哲學三十年來僅得一「批判」真諦，而具有強烈社會批判意理和力

量的女性主義，對筆者的學習成長無疑起到振聾啓聵的作用。本篇即是在這種女性主義啓蒙下完成的。

參考文獻

Belliotti, R. A. (1993). *Good sex: Perspectives on sexual ethics.* Lawrence, Kansas: University Press of Kansas.

Bullough, V. L. (1994). *Science in the bedroom: A history of sex research.* New York: Basic.

Canetto, S. S. (1997). Gender and suicidal behavior: Theories and evidence. In R. W. Maris, M. M. Silverman, & S. S. Canetto (Eds.), *Review of suicidology, 1997* (pp. 138-167). New York: Guilford.

Corr, C. A., Nabe, C. M., & Corr, D. M.(1997). *Death and dying, life and living* (2nd ed.). Pacific Grove, California: Brooks / Cole.

Curran, C. E. (1998). Fertility control: Ethical issues. In W. T. Reich (Ed.), *The ethics of sex and genetics* (pp. 215-221). New York: Simon & Schuster Macmillan.

Dresser, R. (1996). What bioethics can learn from the women's health movement. In S. M. Wolf (Ed.), *Feminism & bioethics: Beyond reproduction* (pp. 144-159). New York: Oxford University Press.

Franklin, S. (1998a). Life. In W. T. Reich (Ed.), *The ethics of sex and genetics* (pp. 437-443). New York: Simon & Schuster Macmillan.

Franklin, S. (1998b). Fighting over "life": Arguments based on rights and on biology. In W. T. Reich (Ed.), *The ethics of sex and genetics* (p. 441). New York: Simon & Schuster Macmillan.

Gregor, T. (1995). Sexuality and the experience of love. In P. R. Abramson & S. D. Pinkerton (Eds.), *Sexual nature, sexual culture* (pp. 330-350). Chicago: The University of Chicago Press.

Hunter College Women's Studies Collective (1995). *Women's realities, women's choices: An introduction to women's studies* (2nd ed.). New York: Oxford University Press.

Jaggar, A. M. (1991). Feminist ethics: Projects, problems, prospects. In C. Card (Ed.), *Feminist ethics* (pp. 78-104). Lawrence, Kansas: University Press of Kansas.

Jordan, B. (1991). Childbirth. In H. Tierney (Ed.), *Women's studies encyclopedia, Volume I: Views from the sciences* (pp. 53-57). New York: Peter Bedrick.

Kuhse, H., & Singer, P. (1998). What is bioethics? A historical introduction. In H. Kuhse & P. Singer (Eds.), *A companion to bioethics* (pp. 3-11). Oxford: Blackwell.

Kuhse, H., & Singer, P. (1999). Introduction. In H. Kuhse & P. Singer (Eds.), *Bioethics: An anthology* (pp. 1-7). Oxford: Blackwell.

Leviton, D. (1999). Death education: Its status and potential. *Taiwan Hospice Care Magazine, 14,* 3-19.

Macklin, R. (1998a). Ethical perspectives: Is abortion an insoluble moral problem? In W. T. Reich (Ed.), *The ethics of sex and genetics* (p. 14). New York: Simon & Schuster Macmillan.

Macklin, R. (1998b). Abortion: Contemporary ethical and legal aspects. In W. T. Reich (Ed.), *The ethics of sex and genetics* (pp. 6-16). New York: Simon & Schuster Macmillan.

Moreno, J. D. (1999). Ethics consultation as moral engagement. In H. Kuhse & P. Singer (Eds.), *Bioethics: An anthology* (pp. 576-582). Oxford: Blackwell.

Policar, M. (1998). Fertility control: Medical aspects. In W. T. Reich (Ed.), *The ethics of sex and genetics* (pp. 201-211). New York: Simon & Schuster Macmillan.

Post, S. G. (1998). Love. In W. T. Reich (Ed.), *The ethics of sex and genetics* (pp. 452-457). New York: Simon & Schuster Macmillan.

Pringle, R. (1998). *Sex and medicine: Gender, power and authority in the medical profession.* Cambridge: Cambridge University

Press.

Rosenfield, A., & Iden, S. (1998). Abortion: Medical perspectives. In W. T. Reich (Ed.), *The ethics of sex and genetics* (pp. 1-6). New York: Simon & Schuster Macmillan.

Rubin, G. (1995). The social construction of gender. In Hunter College Women's Studies Collective (Eds.), *Women's realities, women's choices: An introduction to women's studies* (2nd ed.) (p. 173). New York: Oxford University Press.

Sherwin, S. (1992). Feminist and medical ethics: Two different approaches to contextual ethics. In H. B. Holmes & L. M. Purdy (Eds.), *Feminist perspectives in medical ethics* (pp. 17-31). Bloomington: Indiana University Press.

Sherwin, S. (1996). Feminism and bioethics. In S. M. Wolf (Ed.), *Feminism & bioethics: Beyond reproduction* (pp. 47-66). New York: Oxford University Press.

Solomon, R. C. (1998). Love and feminism. In R. B. Baker, K. J. Wininger, & F. A. Elliston (Eds.), *Philosophy and sex* (3rd ed.) (pp. 57-72). Amherst, New York: Prometheus.

Tiefer, L. (1995). *Sex is not a natural act and other essays.* Boulder, Colorado: Westview.

Tierney, H. (1991). Gender / Sex. In H. Tierney (Ed.), *Women's studies encyclopedia, Volume I: Views from the sciences* (p.

153). New York: Peter Bedrick.

Tong, R. (1993). *Feminine and feminist ethics.* Belmont, California: Wadsworth.

Warren, M. A. (1992). The moral significance of birth. In H. B. Holmes & L. M. Purdy (Eds.), *Feminist perspectives in medical ethics* (pp. 198-215). Bloomington: Indiana University Press.

Wolf, S. M. (1996). Introduction: Gender and feminism in bioethics. In S. M. Wolf (Ed.), *Feminism & bioethics: Beyond reproduction* (pp. 3-43). New York: Oxford University Press.

從宗教哲學看醫療中的生與死

　　醫療中的生與死既是醫療問題，也是倫理問題。如果屬於倫理方面的考量，則它同時也是哲學問題。宗教哲學（philosophy of religion）為哲學一個分支，從宗教哲學看醫療中的生與死，大體可視作宗教哲學和醫學倫理學（medical ethics）兩門次學科（subdiscipline）的對話。科際（interdisciplinary）對話具有破除本位盲點、開啟新穎視野的互惠效果，相當值得提倡。本篇乃是對此一理想的嘗試，希望為醫療、哲學以及宗教三種專業領域的問題反思帶來助益。至於本篇若能提供讀者在真實人生情境的抉擇上一些參考，則不啻創造其附加價值。

　　令宗教哲學與醫學倫理學產生對話，基本上要歸為後設的後設探討（meta-metastudy）。因為宗教哲學是對宗教體驗的哲學考察，醫學倫理學則是對醫療活動的倫理關懷，二者皆屬「退一步想」的努力。至於二者的對話，又必須放在另一層次始得充分觀照。哲學思考不見得要吹毛求疵，以至見樹不見林。它有時也可以反身而誠，達到退一步海闊天空的境地。人都不免一死，人生因為終究會死而模糊掉許多意義，卻也因為人生有限而凸顯出許多意義，本篇正是對這種存在情境（existential situation）的反省而得以存在。

宗教哲學

一、宗教的科學探討：心理學、社會學、人類學

宗教既是信仰的對象，也是研究的課題。對宗教從事學術研究，形成了宗教學（religious studies）。它是一門科際學科，橫跨人文學與社會科學兩大學術範疇，至少包括宗教史、宗教哲學、宗教心理學、宗教社會學、宗教人類學等次學科，有時也可將神話學（mythology）納入。宗教的科學研究即是經驗（empirical）研究，探討宗教現象或宗教行為，故集中在行為科學領域內。

行為科學包括心理學、社會學、人類學，其中的心理學因為源於哲學，多少還沾染些哲學氣息。Wulff（1985: 22, 37）即指出，宗教心理學自十九世紀末葉通過自覺而產生至今，始終維持著兩股趨勢：瞭解的或詮釋的（interpretative）現象學描述，以及說明的（explanatory）科學分析。前者多來自具有宗教信仰的研究者，後者則為教外人士所採用。Wulff（1985: 24-25）分判了主要是美國的宗教心理學研究路數：測量宗教性（religiosity）的社會科學量化途徑、源自歐陸心理分析學派強調動力（dynamic）觀點的深度（depth）

心理學，以及強調宗教體驗多樣性的人本（humanistic）心理
學和超個人（transpersonal）心理學。後者無疑是詮釋的而非
說明的。

　　不同於心理學著眼於個體的心境，宗教社會學是把宗教
當成社會活動來探討。尤有甚者，社會學在十九世紀緣起之
初，就有意以科學的世界觀來取代傳統上宗教的和神話的世
界觀（Hill, 1985: 97）。在科學掛帥的情況下，當前的宗教
社會學出現兩股趨勢（trend）：一種源自馬克思和韋伯的分
析，強調宗教的權力與社會變遷構面（dimension）。另一則
受到涂爾幹和功能主義學派的影響，把宗教視為社會和心理
整合的根源。前者主要探討的論題有二：宗教性組織、宗教
與社會變遷。後者探討的論題也有二：宗教與社會凝聚力
（cohesion）、整合的途徑與未來展望（Hill, 1985: 116-
119）。

　　相對於宗教社會學所面對的快速變遷社會，宗教人類學
較關心一個宗教系統在發展之初所依存的社會文化環境。
Jackson（1985: 182）歸結出四群探討方向，每群包含二至三
個論題：

- 思想的原始型態（mode）──原始思維、禁忌
  （taboo）與圖騰（totemism）。
- 思想與感情的交流──象徵、神話、宇宙觀與文化。

- 宗教的理論與實際──有關宗教的專書、儀式行為。
- 其他有關儀式的活動──法術、神入（ecstasy）、附身
  （possession）、靈媒（spirit mediumship）等。

　　由以上的論題可以發現，宗教的科學探討，大多偏重宗教行為和宗教現象，較少人文關懷。然其研究成果對各宗教系統下生死觀的釐清，仍有一定貢獻。

二、宗教的人文學探討：文學、史學、哲學

　　如果宗教的科學探討，看重的是對宗教形式的說明，那麼宗教的人文學探討，便可視為對宗教內涵的詮釋。當然在科學和人文學的主要學科中，也不盡然均依此取向。心理學即涉及人心對教義的詮釋，而史學也不免要對現象世界有所說明。但是對宗教性史料的詮釋，仍是宗教史的主題。一旦這些史料屬於神話傳說，就進入文學的領域了。

　　兼具史學和文學性質的神話學，既指涉特定傳統下神話的整體，也對各種神話進行探討。當前具有較嚴格意義的神話詮釋方法學有三種：理解性歷史探討、結構主義、現象學（Bolle, 1983: 319）。有關第二次世界大戰以後西方神話學或宗教文學的探討趨勢，除了上述三種方法學的反省與運用外，還有五種傾向：處理人類精神失落和鄉愁（nostalgia）

的新浪漫主義、具有類似體驗的存在主義時代氣氛
（mood）、區域研究（area study）下對宗教文本和指示探究
的專門化（specialization）、發掘原始文字符號背後奧義的神
話——儀式主義（myth-ritualism），以及通過科學史啓蒙以
找出前科學的宗教意義的新泛巴比倫主義（neo-
Panbabylonism）（Bolle, 1983: 298-340）。學者通過這些管
道，解讀了各種神話文本，以進行宗教詮釋。

　　由於宗教性的神話文本和儀式活動，大多是自古流傳下
來的，因此必然涉及歷史考察。但是宗教史探討在西方學術
界卻爭議不斷，其中最主要爭議圍繞在客觀紀錄抑或主觀發
揮的立場，以及與此呼應的看重歷史（diachronic）抑或忽略
歷史（synchronic）的態度上。King（1983: 77-78）自法文文
獻中分辨出「史學」（history-as-knowledge）和「歷史」
（history-as-becoming）的不同，她並進一步歸結出宗教史的
兩大方法學爭議：宗教史中的「史」究竟何所指？宗教研究
中的歷史方法爲何？而宗教史也始終在理想的客觀性，和選
擇特定觀點以詮釋基本事實的主觀性之間出現張力
（tension）（King, 1983: 87）。

　　宗教的科學探討針對人類宗教的社會和心理現象而發，
心理學、社會學、人類學有其基本聯繫。而宗教的人文學探
討則針對宗教史料的文本詮釋而發，文學、史學、哲學亦有

相當關聯。宗教哲學在整個宗教學術研究的分工上，即著力
於對教義從事哲學詮釋。不過這項工作其實是非常吃力不討
好的，尤其當宗教多元主義（religious pluralism）已蔚為時
下流行觀點（Hamnett, 1990: 3-10），更讓宗教哲學無可適
從。宗教的科學探討也許可以限制在經驗的要求下進行，但
宗教的人文學探討勢必涉及思辨的（speculative）推理考察，
這主要是哲學的關懷。

三、宗教哲學的主要構面：形上學、知識學、倫理學

宗教哲學與宗教性哲學（religious philosophy）必須有所
分判，例如，當宗教知識學在考察某種教義是否為真時
（Yandell, 1993: 1），宗教性知識學關心的卻是信仰對象的
證成（justification）（Geivett & Sweetman, 1992: 3）。為了
正本清源，同時基於學術需要，筆者主張在使用「宗教哲
學」一辭時，應將其放在宗教學的架構中，並納入宗教的人
文學探討之意義下加以瞭解。換言之，哲學只是有關宗教的
科際探究之一環，而宗教則是探究的對象。

哲學的核心科目有三：形上學、知識學、倫理學，這同
樣可以做為宗教哲學的主要構面。傳統形上學分為存有學和
宇宙學兩部分，現代形上學則處理因果、時空、身心、目

的、共相殊相等問題，大體未脫傳統範圍，上述問題也多少
與宗教的終極關懷（ultimate concern）有所呼應。O'Hear
（1984:89）指出支撐西方宗教性說明的四種論證：「你也
是」（tu quoque）論證、宇宙學論證、目的論論證、存有學
論證，這些論證在今日仍值得我們認真看待，而宗教性說明
也足以同科學性說明與常識性說明相提並論。

　　如果宗教形上學論述不免涉入信仰對象中，那麼宗教知
識學就有必要退一步釐清論述的真僞。這並不是對信仰和信
仰者的質疑，而是就事論事（Yandell, 1993: 1）。宗教知識
學的基本問題是：宗教體驗是否足以爲宗教信仰提供論據
（evidence）？宗教體驗在此指的是人們在一個宗教傳統教
義內的重大體驗，而宗教傳統則是指一個對世界及位於其中
的人類加以詮釋的概念系統，其詮釋具體表現於儀式、制度
和生活實踐中（Yandell, 1993: 15）。這種知識學立場明顯立
於各種宗教傳統之外，構成典型的宗教學後設論述。

　　形上學對象可以高高在上，知識學立場可以置身事外，
但是倫理學處境卻是切身攸關的。倫理學對某些宗教哲學家
而言乃是哲學最重要的議題，而倫理學最基本的問題則是：
人類之中善惡的本性與根源爲何（Evans, 1993: 197）？在現
實生活中，人類體驗到的總是苦多樂少、惡多善少。而一旦
苦難和罪惡揮之不去，人們就有可能投身宗教或拒斥宗教

（O'Hear, 1984: 202）。正是在倫理學關心的層面，宗教哲學和醫療中的生死問題形成了交點，並有對話的機會。

筆者認爲宗教倫理學是宗教形上學和宗教知識學辯證發展的結果，也是溝通宗教哲學與宗教性哲學的橋樑。尤有甚者，筆者在本篇中所執持的「宗教哲學」觀點，乃是在應用倫理學（applied ethics）意義下之人本的宗教倫理學觀點，它不必然要根植於任何宗教傳統中，卻絕非事不關己。

醫療中的生與死

一、醫療道德

嚴格說來，醫療道德和醫學倫理學也必須有所分判；前者常指涉專業執業下的醫德實踐，後者則是對醫療活動中所面臨的倫理抉擇進行哲學反省。不過醫德實踐與倫理反思畢竟是息息相關的，在西醫傳統中至少可上溯到〈希波克拉底誓言〉（the Hippocratic Oath），它至今仍是許多新進醫師在開始執行專業前的入門見證（Veatch, 1989: 7-9）。此外醫療在此乃取其廣義，包含了其他相關衛生保健專業，例如，護理人員、藥師等（Veatch, 1989: 2）。

醫學倫理學屬於專業倫理學（professional ethics），在作

用上與護理倫理學（nursing ethics）互補，共同構成衛生保健倫理學（health care ethics）；此外它並與生命倫理學（bioethics）有所重疊。大範圍的生物醫學倫理學（biomedical ethics）乃是應用倫理學的三大重點課題，其他二者為環境倫理學（environmental ethics）和企業倫理學（business ethics）（Winkler & Coombs, 1993: 1-2）。

　　應用倫理學以及應用哲學的提倡以英國為主，國際性的應用哲學學會和學術期刊，皆於 1970 年代前後首創於英國。參與者所關心的，正是近年備受矚目的議題——環境、醫療、戰爭、人際關係、公平與正義等（Almond & Hill, 1991: 1-6）。不過這般努力並未在美國得到充分認同，有些醫學倫理學家即堅持以傳統的實踐倫理學（practical ethics），來看待專業和公共政策倫理學，並反對標新立異（Beauchamp & Childress, 1994: 4）。但無論如何，倫理學仍有規範（normative）和非規範（nonnormative）兩種途徑，後者又包括描述倫理學（descriptive ethics）和後設倫理學（metaethics）兩個層次。筆者在本篇中所遵循的途徑即是非規範途徑。

　　非規範倫理學強調事實考察和問題分析。醫學倫理學所面對的問題至少包括：醫病關係、限制生育、人體試驗、知情同意（informed consent）、遺傳與生殖技術、器官移植、

精神醫療、衛生保健與資源配置、死亡與臨終等項（Veatch,
1989: viii-xii）。而當學者把這些問題落實在現實情境考量
時，便發覺它們不時會讓人陷入道德上的左右爲難
（dilemma）。

醫學倫理學在 1970 年代發展之初，大多嘗試將醫學倫理
困境消融於道德理論中，例如，功利主義或義務論。但後來
卻深感捉襟見肘，難以因應，乃改弦更張，強調個案研究
（case studies）下脈絡（context）的重要（Sherwin, 1992: 19-
21）。一旦醫學倫理學從規範倫理學、描述倫理學擴充至情
境倫理學（situation ethics）和脈絡倫理學，則問題就變得無
逃於天地之間了，其中尤以生死問題最爲直接而且迫切。

二、生與死的問題

生與死可說是一連續的、動態的歷程。對個人的生與死
作出哲學反省，孔子的教訓是「未知生，爲知死」，海德格
的啓示是「向死存有」（being-towards-death）；然而一旦放
在醫療活動上來看，它便成爲生死攸關的決策（decision
making）。醫療中生與死的問題有程度深淺不同，對患者而
言，起先是治療決策的問題。如果到了無藥可救的地步，問
題就轉成是否需要苟延殘喘，嚴重的情況下還必須由家屬作
出決定。此外由於醫療資源有限，衛生政策下的資源配置，

也強烈影響及對患者養生送死的抉擇。在較廣泛的意義中，這尚且包括限制生育及墮胎的問題。

在治療決策方面，早先的醫學倫理學支持家長主義（paternalism），相信由醫師來替患者作出決策最符合病家利益，但如此一來卻使患者喪失自律（autonomy）的機會（Brody, 1989: 68-69）。近年來人權高張，「知情同意」成為醫療倫理學重大論題，自律原則也成為此類同意法定權利的基礎（Battin, 1994: 24）。它並不是由醫師陳述病情讓患者自行決定治療方案，而是在雙方不斷協商下，達成對患者的安適（will-being）最佳信諾（commitment）。

高風險的治療可能會導致患者求生不得、求死不能，生前預囑（living will）即體現了安適的最低要求。生前預囑乃是患者預立指示（advance directives），但是就其為臨床的生與死決策方案，仍有其實際的困難。Brock（1993: 154-155）即指出三點困難所在：

- 在無行為能力患者（incompetent patients）中，僅有極少數對本身生與死的決策作了預先指示。
- 指示內容若述及死亡在所難免（imminent），到底要如何認定？究竟由誰來認定？
- 由於這類指示逐漸受到法律認可，其內容自不免被窄化限制，有時反倒成為臨床決策上的束縛。

　　放大到衛生政策下生與死的決策方面看，生與死的問題
乃與醫療資源配置息息相關。醫療資源分配既要把握成本效
益，也需涉及倫理考量。像有嚴重生理障礙的新生兒，以及
長期臥床神智不清的老年患者，應如何妥善處理，即屬資源
配置的棘手問題。

　　然而政策面的資源配置實有三層：第一層先決定衛生保
健資源與其他改善社會的活動，如教育、國防、環保等的資
源如何分配。第二層再規劃將衛生保健資源分布於預防和治
療的比例。最後才考慮如何將預防和治療的資源落實到個別
患者身上（Buchanan, 1989: 294-295）。醫療中生與死的問
題，在此似乎顯得人微言輕。然而生與死的抉擇終究指向每
個人的存在情境，是不容須臾忽視的。

三、死亡學的開展

　　醫療中生與死的問題有其存在迫切性，不但是醫學倫理
學關注的主題，更是死亡學（thanatology）的中心關懷。目
前醫學倫理學研究大多落在衛生保健共同體（community）
之中，這可由知名的學術期刊編者，多由醫師或醫學院教授
擔任一見端倪。醫療界的強勢論述，有時不免掩蓋了哲學、
宗教及其他領域的聲音。具有科際性質的死亡學近年不斷蓬
勃發展，適時提供了在醫療界以外的開闊論域（arena），促

使各種論述脫穎而出，形成百花齊放、百鳥爭鳴的局面。

死亡學的開展具有相當的時代意義，Wass 和 Neimeyer（1995: 436-438）歸結出死亡學在與傳統學科的界面（interface）中所扮演的三種角色：貢獻的（contributory）、互補的（complementary），以及革命的（revolutionary）角色。這頗能顯示死亡學與醫療倫理學的異同，並爲宗教哲學處理醫療中生與死的問題保留了較大的施展空間。

死亡學的貢獻角色，是指在生與死的問題上有系統地探討，已對傳統學科提供了新的研究課題和教育方案。例如，醫學及護理學開始關心臨終者的特別需求，社會學開始注意到家庭成員的死亡對於其他成員的衝擊等。由於死亡議題滲入主流學科論述中，較能受到學界廣泛注意，這也同時回頭激勵了死亡學的迅速成長。像哲學、宗教學這些人文學的核心學科，都可以做爲死亡學論述的活水源頭。

死亡學的互補角色，意味著本身學科的獨樹一幟。以對於死亡與臨終的關懷向外擴充，死亡學已經建構起一套多學科母體（multidisciplinary matrix），標幟出獨特的知識領域，足以同其他學科平起平坐。在過去四十多年間，死亡學成功地形成了自家的共同體，擁有國際性的學術組織和期刊，專書也不斷問世。針對兒童及青少年、大專學生，以及專業教育的課程亦應運而生且不斷增加。

　　至於死亡學的革命角色，在於對特定社會中霸權利益（hegemonic power interests）的批判。例如，在聲援安寧療護運動（hospice movement）上，就對傳統保守的醫療勢力提出挑戰。安寧院的設置，是對臨終患者主流式醫療以外的另類措施。它改寫了醫療中的死亡觀，強調患者及其家屬在醫療照護中所受的待遇，理當質量並重，將照護（care）置於治療（cure）之上。此外死亡學也對死亡覺醒運動（death awareness movement）多所著力，以破除各種社會常見的否認死亡（death denial）趨勢（Kalish, 1985: 14）。

　　如果宗教哲學有意同醫學倫理學對話，那麼死亡學即可以為二者提供一道便捷的橋樑，其交點無疑是落在人文社會科學的範疇中。

從宗教哲學看醫療中的生與死

一、宗教哲學與醫學倫理學的對話

　　由於宗教哲學是對有關宗教事物的哲學性後設反省，而醫療中生與死的問題可以放在死亡學的系統裡考察。因此若要從宗教哲學看醫療中的生與死，則它既是宗教哲學與醫學倫理學的對話，同時也是哲學與死亡學的對話。對話的主題

將圍繞著醫療中生與死的決策受到宗教影響的部分，例如，基督教中耶和華見證人教會（Jehovah's Witnesses）拒絕接受輸血治療，而其信徒多達六百萬人，即足以構成倫理學上的重大課題。

耶和華見證人教會拒絕接受輸血治療，在西方國家已被視爲理所當然，理由即是該教會乃是有組織的宗教團體，其信徒以非理性的（irrational）宗教性拒絕（religious refusal），合理地（rationally）作出取捨，這完全合乎人們在宗教體驗中認可的情況（Chell, 1988: 103-107）。

宗教信仰自古早就爲生與死的問題打開了另一扇窗，指引人們走向來生（afterlife）。如今相信來生的人仍不在少數，只有三種人不願相信來生：此生作惡怕往後受罰的人、希望就此一了百了的人，以及對來生毫無概念的人（Kalish, 1985: 59-60.）。相信與不信的理由在宗教哲學上都說得通。

不同的宗教信仰提供人們不同的觀看世界角度，由此也影響及行事的態度。同樣道理，不同的醫學觀點提供醫師不同的診斷角度，也影響及治療和照護的方式，包括對臨終患者的照顧。對西醫而言，外方醫學（complementary medicine）是不受重視的，然而像中醫針灸術等，的確可以協助患者減少痛苦，它在臨終關懷和緩和療護（palliative care）上受到較多肯定（Pietroni, 1993: 213-214）。

以中醫為例，因為它屬於另類醫學，所以即使它符合公眾利益，還是會被口頭宣揚利他主義（altruism）的西醫專業在行動上大加排斥（Saks, 1995: 4-7）。根據 Porkert（1979: 193）的研究，證實中醫與道教密不可分。魯桂珍和李約瑟（Lu & Needham, 1980: 7）更追溯出針灸和道教的淵源深厚。這些西方學者都看出了東方宗教做為醫學哲學（philosophy of medicine）基礎的可能，也為宗教哲學與醫療倫理學的對話開發出新的方向。

學科間的對話在此的意義絕非紙上談兵，而是增進瞭解，進而通過合作實踐以造福患者。醫療中生與死的問題並非空穴來風，而是醫療人員以及病家共同面臨的實際道德難題，有時更糾纏著宗教性的執著，如天主教對於計畫生育所持的保留態度，這些都值得我們從事進一步的哲學反省。

二、醫療中生與死的問題的宗教性哲學反省

宗教信仰有時是社會條件，有時則是個人抉擇。它在某些民族或文化中可能是終身相伴的，如以色列及阿拉伯國家。但在其他地區則出現多元風貌，如臺灣。包括堅信與不信的宗教態度，對醫療人員所產生的影響，多少決定了其面對患者生死決策的實踐。在西方社會裡，世俗化的醫療科技成就，會被保守觀點視為宗教性僭越，「扮演上帝」

（playing God）的警語即顯示了來自宗教界的憂慮。

根據 Cahill（1995a: 341）的解釋，「扮演上帝」的說法，乃是將一些涉及基督宗教象徵的概念，例如，上帝、創造、眷顧（providence）、罪惡（sin）等，用在有關生物醫學科技的公共爭論議題上。被視為「扮演上帝」的人，已逾越做為受造物的人之適當角色。他們不但犯下驕傲的罪行，且擾亂並威脅到神明為普世福祉所展現的生命結構、律動和歷程。這種僭越主要包括三大方面：人工受孕技術、醫療中生與死的決策、基因型態的選擇，它們都涉及宗教態度對醫療人員所產生的影響。

反對人工受孕之類新生殖技術的理由有三：這些技術侵犯了原本專屬於上帝的領域、它們試圖「製造」人類後代、它們否定了人的有限性。Ryan（1995: 421-436）認為上述理由並不夠堅實，有待進一步論證。但提出反對意見仍有其貢獻，它促使人們不斷追問上帝創生萬物的奧義，並反思本身的責任。

在醫療決策方面，醫師「扮演上帝」的情節主要不是發生在對患者性命作一了斷上面，而是藉助現代科技讓人苟延殘喘。Paris 和 Poorman（1995: 404-407）指出，過去教會認為人的生與死乃決定於神的意旨，如今教廷則反對無謂地延長生命，因為人畢竟只是有限的受造物，沒有理由追求不

朽。

人類雖然無法達於不朽境地，卻有可能自我改造，希望臻於完美。國際合作的人類基因體計畫（the Human Genome Project），即會爲未來人類生與死的圖像帶來極大衝擊和改變。Peters（1995: 379）強調，讓我們的後代更健康、更安適是符合神旨的，因此遺傳技術不應全面中止，但必須有所節制。

以上三方面的論述，代表了基督宗教學者，對醫療人員在專業上是否逾矩的宗教性哲學反省。一項研究顯示（Baume, O'Malley, & Bauman, 1995: 49），信仰新教醫師對積極安樂死的態度，是介於無信仰醫師及信仰天主教醫師之間的。無神論者熱中接納世俗趨勢，天主教徒卻多半反對。

西方科學得以充分發展，原本即是傳統基督宗教對神聖領域與世俗領域二分的結果（Monod, 1977: 162）。十六世紀的宗教改革，推動了西方國家日後在各方面追求合理化（rationalization）的過程。在這波瀾壯闊的過程中，生物醫學模式（biomedical model）只是醫療活動所遵循的一個方向。更爲人本的生物──心理──社會模式（bio-psycho-social model），至今始顯示出其意義（Hewa & Hetherington, 1995: 130-138）。

三、從宗教性哲學反省到人本的宗教哲學反省

宗教性學術在生物醫學倫理學於 60、70 年代形成之初，扮演了相當重要的角色，後來才逐漸讓位給哲學、法律、醫療專業，以及政治、經濟等領域的學者（Williams, 1995: 57）。宗教思想讓人們正視痛苦，並尋求解脫。但是如今醫療專業人員，卻經常無視於人的痛苦，而把患者看成出毛病的機器（disordered mechanism）有待修復（Higgins, 1995: 110）。

問題是，現代醫療科技揭示了許多臨床之前的生理偏差，卻不能視為真正出毛病。疾病因此不能等同於不健康（ill-health），醫療活動乃有待重新界定。Zajicek（1995: 331-333）於是提出規範醫學（normative medicine）的概念，使人們注意到有機體在接受治療時的自我規約性（normativity）。

規範醫學把疾病相對化，嘗試讓醫療人員注意到，患者做為一個主體（subject）的健康狀態。這是一種人本關懷。人本精神並不排斥宗教。它一方面尊重宗教信仰，一方面也希望宗教團體尊重人性，助長而非壓抑個人。筆者正是基於這種精神立論的。

人本立場即是一種宗教哲學，是站在人本主義哲學觀點來考察宗教事務。醫療人員基於人本關懷，在面對有宗教信

仰的患者時，該當採取何種態度？Howe（1995: 194-198）自臨床研究發現，至少有三種情況，醫療人員應當站在後設宗教立場，通過尊重患者宗教信仰的方式去影響當事人。這三種情況包括：患者是容易受傷害的（vulnerable）、患者的信仰是短暫或容易動搖的、患者所屬教派是崇尚天縱英明的（charismatic）。如此主動影響患者，並非家長主義的復辟，而是人本主義的落實。

人本主義肯定宗教信仰的積極效應，並對其可能產生的負面作用有所制衡。換言之，人本主義其實是可以和宗教信仰和平共存、和諧相處的。事實上，世間即存在有深具人本內涵的宗教——佛教。佛教和基督宗教雖然源出不同文化傳統，但是二者對於醫療中生與死的問題看法卻有相通之處，尤其在對於安樂死的態度上出現一致。參照 Keown 和 Keown（1995: 265-268）的比較，佛教與基督宗教的交點不在宗教信仰而在倫理實踐上，二者同樣尊重生命的聖潔（sanctity of life），並以此拒斥倫理學的後果主義（consequentialism）。

倫理實踐可以根據教義，也可以依於自律。自律是 Bcauchamp 和 Childress（1994: 37-38）所揭櫫的生物醫學倫理學四大原則，其他三項為無傷（nonmaleficence）、增益（beneficence）和正義（justice）。這四項倫理原則適足以做為宗教哲學的判準，以檢視各種宗教性哲學的得失。

結 語

從宗教哲學看醫療中的生與死，筆者的作法是通過文獻分析，以死亡學為橋樑，讓宗教哲學和醫學倫理學積極進行科際對話，並從中勾勒出各學科的人本精神。在人本主義的觀照下，生物醫學倫理的四大原則——自律、無傷、增益、正義，將可為生物醫學倫理學奠定深厚的基礎。

Gracia（1995: 192）指出，道德推理必須具備三要素（moment）。第一要素是絕對且形式的，即尊重所有的人類。第二要素是相對且實質的，即上述四大原則。它們分為兩個層次，自律和增益屬於私人層次，無傷和正義則屬於公共層次。第三要素也是相對且實質的，它落實於個別案例上，要求脈絡分析，注重當事人身處的環境和遭逢的結果。由此可見，從事道德推理，便是在人本關懷下，對基本原則和實際情況無所偏廢。

宗教具備複雜的理論、實踐、社會以及體驗構面，且為擁有明顯對象、目的和功能的巨大體制（Byrne, 1991: 7）。另一方面，人只是無逃於天地之間的渺小存有。然而人可以選擇擁抱宗教，或者拒絕被宗教所擁有。不過人有時卻無法選擇活命，或者拒絕一死，尤其是在病榻上。有關醫療中生與死問題的反省，醫學倫理學及死亡學可說站在第一線，宗

教哲學則提供了背景深度，本篇即嘗試對這兩門次學科的內涵及其互動可能有所廓清。

參考文獻

Almond, B., & Hill, D. (1991). Introduction. In B. Almond & D. Hill (Eds.), *Applied philosophy: Morals and metaphysics in contemporary debate* (pp. 1-6). London: Routledge.

Battin, M. P. (1994). *The least worst death: Essays in bioethics on the end of life.* New York: Oxford University Press.

Baume, P., O'Malley, E., & Bauman, A. (1995). Professed religious affiliation and the practice of euthanasia. *Journal of Medical Ethics, 21*(1), 49-54.

Beauchamp, T. L., & Childress, J. F. (1994). *Principles of biomedical ethics* (4th ed.). New York: Oxford University Press.

Bolle, K. (1983). Myths and other religious texts. In F. Whaling (Ed.), *Contemporary approaches to the study of religion: Vol. I. The humanities* (pp. 297-363). Berlin: Mouton.

Brock, D. W. (1993). *Life and death: Philosophical essays in biomedical ethics.* Cambridge: Cambridge University Press.

Brody, H. (1989). The physician / patient relationship. In R.M. Veatch (Ed.), *Medical ethics* (pp. 65-91). Boston: Jones and Bartlett.

Buchanan, A. (1989). Health-care delivery and resource allocation. In R. M. Veatch (Ed.), *Medical ethics* (pp. 291-327). Boston: Jones & Bartlett.

Byrne, P. (1991). Religion and the religions. In P. Clarke & S. Sutherland (Eds.), *The world's religions: The study of religion, traditional and new religions* (pp. 3-28). London: Routledge.

Cahill, L. S. (1995). "Playing God": Religious symbols in public places. *The Journal of Medicine and Philosophy, 20*(4), 341-346.

Chell, B. (1988). Competency: What it is, what it isn't, and why it matters. In J. F. Monagle & D. C. Thomasma (Eds.), *Medical ethics: A guide for health professionals* (pp. 99-110). Rockville, Maryland: Aspen.

Evans, D. (1993). *Spirituality and human nature.* Albany: State University of New York Press.

Geivett, R. D., & Sweetman, B. (1992). Introduction. In R. D. Geivett & B. Sweetman (Eds.), *Contemporary perspectives on religious epistemology* (pp. 3-16). New York: Oxford University Press.

Gracia, D. (1995). Hard times, hard choices: Founding bioethics today. *Bioethics, 9*(3 / 4), 192-206.

Hamnett, I. (1990). Religious pluralism. In I. Hamnett (Ed.),

Religious pluralism and unbelief: Studies critical and comparative (pp. 3-12). London: Routledge.

Hewa, S., & Hetherington, R. W. (1995). Specialists without spirit: Limitations of the mechanistic biomedical model. *Theoretical Medicine, 16*(2), 129-139.

Higgins, G. L. (1995). On the nature of suffering. *Humane Medicine, 11*(3), 110-113.

Hill, M. (1985). Sociological approaches (I). In F. Whaling (Ed.), *Contemporary approaches to the study of religion: Vol. II. The social sciences* (pp. 89-148). Berlin: Mouton.

Howe, E. G. (1995). Influencing a patient's religious beliefs: Mandate or no-man's land? *The Journal of Clinical Ethics, 6*(3), 194-201.

Jackson, A. (1985). Social anthropological approaches. In F. Whaling (Ed.), *Contemporary approaches to the study of religion: Vol. II. The social sciences* (pp. 179-230). Berlin: Mouton.

Kalish, R. A. (1985). *Death, grief, and caring relationships* (2nd ed.). Monterey, California: Brooks / Cole.

Keown, D., & Keown, J. (1995). Killing, karma and caring: Euthanasia in Buddhism and Chirstianity. *Journal of Medical Ethics, 21*(5), 265-269.

King, U. (1983). Historical and phenomenological approaches to the study of religion: Some major developments and issues under debate since 1950. In F. Whaling (Ed.), *Contemporary approaches to the study of religion: Vol. I. The humanities* (pp. 29-164). Berlin: Mouton.

Lu, G-D., & Needham, J. (1980). *Celestial lancets: A history and rationale of acupuncture and moxa.* Cambridge: Cambridge University Press.

Monod, J. (1977). *Chance and necessity: An essay on the natural philosophy of modern biology.* Glasgow: Collins / Fount.

O'Hear, A. (1984). *Experience, explanation and faith: An introduction to the philosophy of religion.* London: Routledge & Kegan Paul.

Paris, J. J., & Poorman, M. (1995). "Playing God" and the removal of life-prolonging therapy. *The Journal of Medicine and Philosophy, 20*(4), 403-418.

Peters, T. (1995). "Playing God" and germline intervention. *The Journal of Medicine and Philosophy, 20*(4), 365-386.

Pietroni, P. C. (1993). Complementary medicine — Its place in the care of dying people. In D. Dickenson & M. Johnson (Eds.), *Death, dying & bereavement* (pp. 208-214). London: Sage.

Porkert, M. (1979). *The theoretical foundations of Chinese medicine: Systems of correspondence.* Cambridge,

Massachusetts: The MIT Press.

Ryan, M. A. (1995). The New Reproductive Technologies: Defying God's dominion? *The Journal of Medicine and Philosophy, 20*(4), 419-438.

Saks, M. (1995). *Professions and the public interest: Medical power, altruism and alternative medicine.* London: Routledge.

Sherwin, S. (1992). Feminist and medical ethics: Two different approaches to contextual ethics. In H. B. Holmes & L. M. Purdy (Eds.), *Feminist perspectives in medical ethics* (pp. 17-31). Bloomington: Indiana University Press.

Veatch, R. M. (1989). Medical ethics: An introduction. In R. M. Veatch (Ed.), *Medical ethics* (pp. 1-26). Boston: Jones & Bartlett.

Williams, J. R. (1995). Religious perspectives on bioethics. *Humane Medicine, 11*(2), 57.

Winkler, E. R., & Coombs, J. R. (1993). Introduction. In E. R. Winkler & J. R. Coombs (Eds.), *Applied ethics: A reader* (pp. 1-8). Oxford: Blackwell.

Wulff, D. M. (1985). Psychological approaches. In F. Whaling (Ed.), *Contemporary approaches to the study of religion: Vol. II. The social sciences* (pp. 21-88) Berlin: Mouton.

Yandell, K. E. (1993). *The epistemology of religious experience.*

Cambridge: Cambridge University Press.

Zajicek, G. (1995). Normative medicine. *Medical Hypotheses, 45*(4), 331-334.

女性主義科學學

　　科學學（science studies）與女性學（women's studies）都是 1960 年代以後才形成的科際學科，二者的交集直到近二十年始出現。筆者相信這種交集的擴大與深化，不但可使彼此互惠，更有利於公共論述的推廣普及，讓更多的人正視科學、關懷女性。爲了促成科學學和女性學的積極合作，筆者於本篇中分別考察了二者形成的過程，以找出其可能交點。

　　在科學學方面，筆者勾勒出它從多學科組合（multidisciplinary array）走向科際學科的演進，以及它試圖規範與描述科學的特質，並介紹其主要的次學科。在女性學方面，筆者循著女性主義理論、女性主義知識、女性主義學科、女性主義科學的出現一步步推敲，以探討形成女性主義科學學的契機。

　　科學學對科學的批判，呈現出科學論述與實踐中的階級主義（classism）、種族主義（racism）偏見，女性主義則發人所未發，揭露了性別主義（sexism）偏見。這三大偏見假科學之名斲喪自然、扭曲人性，理當讓更多人認識且消弭之。

科學學：科學理論與實踐的後設探究

一、從多學科到科際學科

　　科學學又稱為「科學與技術學」（science and technology studies; STS），臺灣常稱為「後設科學」（metascience），大陸則稱為「元科學」。這是一種站在科學後面看問題，或討論有關科學事物的學問（Radnitzky, 1973: xi）。科學學原本只是幾門在不同學科中次學科的鬆散組合，這種多學科組合的目的，是針對科學的操作及結果做較有系統的考察（Shadish, Houts, Gholson, & Neimeyer, 1989: 1）。

　　科學學主要包括科學史、科學哲學、科學社會學三門次學科。此外二十世紀 80 年代間，又發展出科學心理學和科學人類學兩門次學科，但影響力皆無法與上述三門主要次學科相比。這些學術在其歸屬領域裡，原本只是一些邊緣性的分支學科，多半未受重視（Lynch, 1993: xii），但由於科學學的興起與建構，遂由多學科組合走向科際學科的形成。

　　科學學的形成大約跨越了一個半世紀，其主要次學科最早出現的是一門叫「科學歷史與哲學」（History and Philosophy of Science）的學科。這是由英國地質學家 William

Whewell 在 1840 年所創立，當時具有指引科學發展的規範目
的（Fuller, 1993: 4-5）。但是史學與哲學畢竟是不同的專
業。一個世紀後，Kuhn （1977: 20）肯定二者必須分立，但
要經常對話。而 Losee（1987: 119）則提示了二者從規範學
科轉型爲描述學科的可能。

　　科學學的第三個分支，是美國社會學家 Robert Merton 在
1940 年代末所開展出來的科學社會學。當時所側重探討的是
科學界精神上的聯繫，至 70 年代逐漸轉向經驗性研究
（Webster, 1991: 7）。

　　相形之下，科學心理學和科學人類學的出現則是相當晚
近的事。科學心理學有意識地凝聚爲一門學科，始於四位美
國應用心理學家在 1985 年的努力 （Gholson, Shadish,
Neimeyer, & Houts, 1989: ix-x）。而科學人類學幾乎可以說尙
在萌芽階段。Woolgar（1993: 84-86）介紹了對實驗室活動從
事考察的民族誌研究。至於 Lynch（1993: xii）所提倡專門研
究微觀社會現象的俗民方法學 （ethnomethodology），雖然
屬於社會學範圍，似也可歸爲科學人類學。

二、從規範學科到描述學科

　　科學學是後設於科學的學問。但一般稱它「科學學」的
理由，是避免誤認「後設科學」爲一種從事較高層概化工作

的自然科學（Nickles, 1989: 248）。由於包含了社會科學側重實徵性、經驗性的研究，科學學一方面具有描述學科的特質。但另一方面它又長期受科學哲學主導，同時也屬於規範學科。

大部分十九世紀的科學理論工作者，在今日看來都會被歸爲「哲學家」。Whewell 既創造了「科學家」一辭，又開啓了「科學歷史與哲學」此一新學科，其目的即在規範和改善科學活動與成果。他和當時倡議歸納邏輯與科學方法的英國哲學家 John Stuart Mill，可說是首次促成科學史和科學哲學相輔相成的人物 （Losee, 1987: 78）。

由於科學本身的專業分工，使得哲學和科學必然要分道揚鑣，科學哲學也就對科學無從規範，只好把注意力轉移到哲學身上。二十世紀的科學哲學一方面著眼於科學成果的邏輯重構，一方面也把這種信念反映在科學史的考察上。像所謂「科學內在史」（internal history of science），就認爲科學發展有一些超越時空的內在理路可循，其乃是作用於自然活動的理性原則系統。科學哲學家由是相信鑑往可知來，這點在本性上仍不脫規範的心態（Fuller, 1993: 6-8）。

問題是科學史及科學哲學都是對「科學」這個一階對象事物的二階詮釋，沒有科學實務也就沒有科學史與科學哲學可言（Losee, 1987: 1）。想從事不同階層間的規範，可能會

出現一頭熱,而退一步或能海闊天空。

不同於科學史及科學哲學的長遠發展,科學學第三個分支科學社會學的出現則是相當晚近的事。Merton 在 1949 年提出了對科學制度運作的解釋,他認為科學家是秉持一股由各種規範性準繩(norms)凝聚而成的精神而行動,亦即受到遊戲規則的導引而工作(Webster, 1991: 7)。這套功能主義(functionalism)的解釋在其後的社會學家看來難免顯得經驗性不足,但總算觸及科學做為一種外在社會制度的論題。

早先社會學家還相信科學家不食人間煙火,但到了 1970 年代,社會學家走進科學家的工作場所從事較廣泛、較詳盡的細節考察,才發現科學活動其實與社會脈動息息相關。同時在基進科學運動(radical science movement)的經驗性批判下,西方科學與技術長期為資本主義服務的情形也被揭露(Webster, 1991: 7-10)。

科學社會學與科學史及科學哲學,匯流於科學學或科學與技術學探究中,多少應歸功於 Kuhn。他在 1962 年出版其《科學革命的結構》,為科學學的具體成形樹立起里程碑(Brante, Fuller, & Lynch, 1993: ix)。由於注意到科學活動及其成果的歷史與社會背景,科學學做為描述學科的角色日益凸顯,連往日強調規範的科學哲學也開始走上描述的途徑了(Losee, 1987: 119-120)。

但就在同時，科學學內部卻傳出不同聲音，呼籲規範的重要，那便是「社會知識學」（social epistemology）的立論。社會知識學注重科學與技術知識活動的政策形成面，可視爲科學的「科學化管理」（Fuller, 1992: 413）。由科學學來指導科技知識政策的形成，無疑是「知其不可爲而爲」（Sisyphean view），卻仍不失爲一可追求的「美麗新世界」（brave new world）（Fuller, 1992: 24）。然而當前的科技政策多操於政治人物和管理階層之手，使其與科學學者虛心對話實非易事（Schmaus, 1991: 125）。

三、主要次學科

科學學的主要次學科包括科學史、科學哲學、科學社會學三科，另有新興的科學心理學和科學人類學，亦漸受重視。

科學史有內在史與外在史之分；前者深入科學知識內部去找尋關聯性，後者則考察社會文化對科學發展的影響（Kuhn, 1977: 119）。此一區分多少反映了以基督信仰爲主的西方文化中，自由意志與決定論，或自律與他律的問題，當然也就因此提供了科學哲學家不同的思考方向（Fuller, 1989: 161-162）。Losee （1987: 78）把這種不同的哲學觀點稱爲邏輯主義與歷史主義。

科學哲學有英美傳統與歐陸傳統之分（Rouse, 1987: viii-ix）；前者有意通過邏輯經驗主義將所有科學加以統一，後者則希望經由詮釋學和辯證學以瞭解科學 （Radnitzky, 1973: xiv-xxi）。由於哲學習於規範，Fuller（1993: 33）遂引進社會科學的經驗要求而創立社會知識學，把科學哲學的關注焦點導向知識政策的修辭（rhetoric）。這點類似探究科學與技術的敘事（Ormiston & Sassower, 1989: x）。

古典社會學一開始就認為科學是自外於社會的獨立客觀知識形式，即使到 Merton 研究科學制度時亦做如是觀，情況直到近四十年才有改變，科學觀念終於成為社會分析的主題之一（Webster, 1991: 6-9）。 不同於科學哲學對科學觀念的抽象推理，科學社會學希望實事求是地考察科學家的信念與實務，探究其做為一種次文化而與廣大文化間的關係（Barnes & Edge, 1982: 2-3）。

相對於前三者的多元分化，方興未艾的科學心理學則尚在建立共識的階段。Shadish 等四人（1989: 10-13）設計了一個矩陣式的格局（grid），用以框架並顯示科學心理學的內容。它把科學工作區分成十八個構面，納入心理學的五個論述界域（domain）——創造、認知、性格、動機、社會——加以探討。這些構面或論均著眼於科學家「個人的」活動和心態，這正是科學心理學的特色（Houts, 1989: 79）。

有異於科學心理學的個人導向，科學社會學是把科學家當做共同體來探討。其中採取民族誌進行研究的學者，則像人類學家從事田野工作一般，把科研單位或實驗室當做部落，自己用一種「陌生人」的立場投入，大約相處十八個月，以如實瞭解科學活動（Woolgar, 1993: 84-86）。至於俗民方法學，也是自日常瑣碎的體驗接觸中，去把握科學工作的系譜（genealogical）關係（Lynch, 1993: 1）。

女性主義學術：理論與實踐的另類關注

一、女性主義理論

女性主義一方面表現為社會運動，另一方面也可以是不屬於任何運動的智識傾向（intellectual tendency）（Delmar, 1994: 13）。當後者落實為女性主義學術活動時，自然會從事理論建構和知識交流。如果我們將 1792 年英國作家 Mary Wollstonecraft 出版她的小書《女性權利的辯護》，看作是女性主義活水源頭和精神標竿，則過去二百多年來，女性主義已然開創了豐富的理論空間和知識領域。1970 年代，更形成一門新的學科──女性學。

女性主義理論在形成過程中，不免引用男性的學者之說

法，但它最終卻是為了樹立女性獨特的觀點。也因此它可能
會招致主要來自男性的兩極批評：一種視其為充滿政治意理
的獨斷立論，另一種則視之為不具學術價值的觀念拼湊
（Tong, 1992: 1）。但無論如何，女性主義理論還是可以貼
上一些標籤以作出區隔：自由主義、馬克思主義、基進學
派、心理分析學派、社會主義、存在主義，以及後現代主義
（Tong, 1992: 2-7）。

Gross（1994: 360）指出，當前女性主義理論的任務有
二：消極面是反性別主義，向男性中心論述進行挑戰與解
構；積極面乃是建構和發展另類的模式、方法、程序、論述
等。

她並清楚地歸納出，在反性別主義的努力上，可以具體
地分為四階段逐步落實（Gross, 1994: 363）：

- 發展一些技巧，以認清男性論述的陽性旨趣和父權論
  調。
- 從父權論調對有關女性和陰性事物的有意忽略中，看
  出其消音（silences）功能。
- 揭露這種消音動作對陰性的壓制，並藉主張另類觀
  點，使父權文本不再維繫其霸權。
- 發展可行辦法以取代男性中心系統，在此並不排斥以
  父權方法為起點進行理論研究。

當理論研究達於一定水平，便積極產生出女性主義知識。

二、女性主義知識

女性主義的特出點之一，是引入情感（emotion）做爲獲取知識的機能 （faculty），而不讓理性專美於前（Jaggar, 1992: 146）。早在古希臘時期，柏拉圖便把理性同感情（feeling）及欲望對立起來。尤有甚者，在整個西方思想傳統中，還包括了心靈同身體的對立，以及自律同依附（attachment）的對立。女性主義的分析策略，一是肯定男性所看重的觀點之對立面，即身體、情感和依附；另一則是澈底解消概念的對立，重估當前有關女性的學術和知識建構中的性別 （gender）角色（Longino, 1995: 26-31）。

女性主義知識的貢獻，是呈現出主要由西方白種男性所建構的既有知識之偏見。有些女性主義者將這種觀點的轉換，視爲繼承哥白尼、達爾文、佛洛伊德的又一次知識革命（Held, 1985: 296）。 女性主義知識強調性別、權力、身體等概念，使其知識建構能夠發前人所未發。

對於性別，女性主義者有著不同的用法。一種是視「性別」爲社會建構而對立於生物學上的「性」分化，這點把人格及行爲同身體作出了區分。另一種則把「性」置於「性

別」之內、之下而合起來看，在此若將身體視為變數而納入跨文化考察，將可對性別有著深一層的體認（Nicholson, 1994: 79-83）。

對於權力，女性主義者試圖解構這個原本聯繫於男性及陽性的概念，通過理論反轉和重構，以駕馭知識交流中的權力關係，避免為其所制。Hartsock（1990: 170-172）描述其作法為：

- 走進歷史與創造歷史。
- 建立屬於女性的知識理論。
- 形成有關權力的理論。
- 體認開創另類論述的困難。
- 藉政治行動以擺脫非人的處境。

不同於西方理性主義傳統的看輕身體，女性主義者把身體視為文化的媒介、文化的比喻、文化的文本，以及文化的實踐。當歷史上不斷出現針對女性身體而發的社會控制，女性勢必要發展出一套有關自己身體的有效的政治論述以反抗各種壓迫（Bordo, 1992: 13-15）。

女性主義學科：女性學

一、學科內涵

　　凸顯性別、解構權力、看重身體，此三者標幟出女性主義知識的特色。當女性主義學術的理論建構和知識交流已能自成一格時，女性學便應運而生。女性學可以說主要是英語國家內的學院派女性主義，它緣起於女性的學者有感於各種西方知識和藝術中，幾乎找不著女性的體驗、歷史及聲音，乃匯集資源，在學院門牆內形成一門新學科（Dallery, 1992: 53）。當女性學在大學中擁有自己的教研單位後，乃為女性主義學術建立起較穩定、較安全的「避風港」（safe house）（Kramarae & Spender, 1993: 2-3）。

　　第一個女性學專業在 1970 年首創於美國聖地牙哥加州州立大學，1977 年成立美國女性學學會，至 1995 年，全美已有六百二十一個女性學科系，近百萬學生修習三萬種課程，可謂洋洋大觀（Antler, 1995: 37）。

　　究竟什麼是女性學？這可以由一冊入門教科書的篇章看出端倪（*Hunter College Women's Studies Collective*, 1995: xv-xix），它包括：

（一）定義女性

    1.定義中的意象與記號。

    2.有關女性「本性」的觀念。

    3.女性的身體。

    4.女性的人格。

    5.社會角色：性別、種族與階級。

（二）家庭圈

    1.女兒與姐妹。

    2.妻子。

    3.母職。

    4.另類選擇。

（三）社會中的女性

    1.女性與宗教。

    2.女性與教育。

    3.女性、健康與保健系統。

    4.女性與工作。

    5.女性與政治權力。

    6.改變現狀：前瞻未來。

　　作者群（1995: 4-8）特別強調，女性學是用女性的體驗和觀點來看問題，這主要是受到女性主義的激勵。雖然其他學科也會探討女性問題，但女性學獨樹一幟，多少可通過與其他學科的對話而凝聚焦點，找到問題所在。

二、學科特色

　　1960 年代歐美國家出現了第二波婦女運動，影響所及包括在大學校園內開設一些有關婦女議題的課程。至 1970 年，這些課程首次被稱為「女性學」，七年後美國成立了全國女性學學會，並擁有自己的學術期刊。目前女性學已被視為一門具有深厚潛力的科際學科，在歐美各大學中普遍形成為系級的教學研究單位或學程。其最具特色之處，即是以女性主義為基礎（Ruth, 1990: 1-3）。

　　女性主義所凸顯的主體性，把過去男人主導的「探討女性」（study of women）轉換為女人主導的「女性探討」（women's studies），可說是為學術活動的理論與實踐提出了另類關注，即把性別因素納入考慮。社會層面廣泛的性別認同，聯繫著生物層面普遍的性分化，乃是每個人終其一生不時要面對的人類差異 （human differentiation）問題（Smith, 1992: 3）。女性學的另類關注，往往可使得各領域的學術研究變得更豐富、更多元。

　　女性學雖然強調女性主義的堅持，但在學術研究的途徑上，仍然可以區分出兩層不同的「意識覺醒」：女性或陰性意識、女性主義意識。女性或陰性意識把傳統上歸於女人的性別特徵──主要是養育（nurturing）、慈悲、照護──視為積極而正面的人類特徵，而加以發揚光大。女性主義意識則在宏觀及微觀政治的考量下，肯定女人受到宰制、壓抑的從屬（subordinated）地位，進而尋求改善之道（Tong, 1992: 4-6）。

　　女性學雖然是一門科際學科，但是它並不像科學學那樣具有一組核心科目，而是針對各學術領域加上「女性主義者」的標籤，以示另類關注，於是我們可以有「女性主義科學學」的提法。促進這種提法的可能性與正當性，正是本篇的努力方向。

三、學科概況

　　女性學在大學校園內往往以反學科的（counterdisciplinary）方式立足，即向大部分傳統學科挑戰；其方式是以下列五項概念做為基本工具來對各種問題進行分析：性、性別、角色、刻板印象（stereo type）和理型（ideal）（Ruth, 1990: 13-14）。

　　而在概念分析的背後，女性學的發展其實呈現出女性主

義的思想路數,目前至少有七個學派並存:自由主義、馬克思主義、基進學派、心理分析學派、社會主義、存在主義,以及後現代主義(Tong, 1992: 2-7),這些學派除基進學派外,多少都反映了觀點形成當時的重要思潮。

女性主義並非學院的產物,而是婦女爭取權益、集結運動下的共識凝聚,其中除了基進女性主義完全以女性體驗為根據外,其餘各派均不免採用由男性所主導的思潮來建構理論。這種不以人廢言的作法,可視為女性主義實踐的政治策略(Weedon, 1993: 13)。

當前女性主義的新興論述為後現代觀點。在此之前,女性主義屬於現代主義之內的社會及智識運動。然而自1970年代起,後現代時期到來,以男性為主的規範式人性認同逐漸式微,女性主義遂衍生出後現代主義的分支──後女性主義(post-feminism)。性別關係的變遷,成為此一時期最有意義的社會現象(Mann, 1994: 2)。

但是由於後現代主義宣告人的死亡、歷史的死亡,以及形上學的死亡,而使得學者感到憂心忡忡。因為如此一來,女性主義可能會由於跟後現代主義的結盟而喪失著力點,自我感、女性史、基進社會批判全都跟著被葬送,唯一的收穫只是自女性主義烏托邦的迷夢中撤離(Benhabib, 1995: 29)。

本質主義式的一廂情願，使得以女性主義為基礎的女性學擴充得極為迅速，從女性主義政治學到女性主義美學應有盡有，如今這些令人目眩的盛況已被後現代主義澆了一頭冷水（Benhabib, 1995: 30）。激情雖已降溫，理想卻未熄滅，後女性主義下的女性學，若對各種理論與實踐持續關注，則仍有極大的發展空間。

四、學科限制

做為女性主義學科的女性學，承繼了女性主義學術的強烈政治意圖及策略觀點，使得她在大學校園中的角色和形象極為突出。事實上，女性學的教學與研究雖然不屬於婦女運動，卻不時與校園外的政治活動相互呼應（Kramarae & Spender, 1993: 9）。這種基進的態度，自然會與由男性價值觀所主導的學術界文化格格不入。於是女性學在迅速發展的同時，也面臨了她的限制。

Kramarae 和 Spender（1993: 4-10）發現，女性學為了使本身地位具有正當性，便在教學與研究的路線上，採取了與眾不同的途徑，包括：

- 改變產生知識的模式。
- 主張多重真理。

- 包容而非排除各種變數。
- 打破固定的教學格局。
- 為研究添上價值色彩。
- 反對男女有別的雙重標準。
- 鼓勵學院內外的同道互通有無。
- 大聲疾呼讓女性和其他弱勢族群的觀點受重視。

這使得女性學努力想打破各學科間的藩籬，甚至拆除學院的門牆，結果必然引來抗拒。

女性學的理想是走向科際學科的融合形式，但目前只表現為多學科的混合樣態，並且具有一種超越學科限制的後設學科的（metadisciplinary）性質（Stanton & Stewart, 1995: 4）。倘若女性學有心成為科際學科，則與其他學科或學派的對話在所難免。互惠的（reciprocal）對話非但不會淪入男性偏見的宰制，更有利於女性學的成長，例如，女性主義與批判論的連結（Farganis, 1986: 63-65）。

女性學把「探討女性」蛻變為「女性探討」，不啻為一大進步（Ruth, 1990: 2-3）。然而當女性主義學者坐在自己的避風港內，遙想偉大的女性烏托邦時，卻可能陷溺於一言堂式打擊異己的偏執。一旦有其他女性的學者挺身而出發表逆耳的言論，則被指為製造反挫（backlash）的敵人（Patai, 1995: 32）。到底女性學要如何避免劃地自限而奔向海闊天

空呢？筆者建議嘗試與科學學積極對話。

女性主義科學

一、女性主義與科學

探討女性主義與科學之間關係的議題，出現在 1960 年代末期和 70 年代，但並不常見。至 80 年代雖逐漸增加，卻於質與量上，皆不及女性主義在人文社會科學方面的學術（Rosser, 1989: 3）。在英美傳統中，「科學」一辭多指自然科學與應用科技，因此言及女性主義科學，往往只想到自然科學，其實社會科學同樣可以納入（Harding, 1991: 305）。

Rosser（1989: 4-11）指出，女性主義有關科學的議題大體可分為六個範疇：

- 科學中教學與課程的轉型。
- 科學中女性的歷史。
- 科學中女性的當前狀況。
- 科學的女性主義批評。
- 陰性科學。
- 科學的女性主義理論。

這些範疇多半屬於科學學而非科學本身。

如果說科學研究的對象是自然世界及社會文化活動,則科學學研究的對象便是「科學學術」。因此討論女性主義與科學,理當區分女性主義科學和女性主義科學學兩種不同層次的問題。筆者認為,要想確立女性主義科學,應該通過與女性主義科學學的互動反省,畢竟它牽涉到一整套價值系統的揚棄與更新。此外,女性主義科學還必須跟女性科學及陰性科學有所區隔,以避免被反女性主義所誤導(Harding, 1991: 298)。

女性主義科學其實是一個有歧義的概念,它若指的是不與主流科學對話的劃地自限式論述,並不為大多數女性主義者所接受(Tuana, 1989: viii-ix)。但若指的是用女性主義理論與實踐去從事科學工作(Longino, 1989: 47),或改變面對科學時的邏輯思考(Harding, 1991: 307-310),則它已存在多年。

發展出女性主義科學,多少是與 1960 年代興起的基進科學運動相輔相成的結果。基進科學運動對科學和科技活動中的資本主義與帝國主義意識形態大加攻訐,落實了反階級歧視、反種族歧視的理想。女性主義科學則站在反性別歧視的立場上,對既有科學予以批判(Rose, 1994: 4-12)。

第二波女性主義自 60 年代展開以來,從女性主義思想建

構出女性主義理論，進而匯集女性主義知識，樹立女性主義
學術，形成女性主義學科，實現女性主義科學。這一系列的
成長，無不針對擺脫男性觀點和父權宰制而發。在從事女性
主義科學方面，西方人文社會科學的改造工作已具成效，對
自然科學及應用科技的影響則方興未艾，有待努力。

二、女性主義自然科學：以生物學爲例

女性主義自然科學與女性主義人文社會科學最大差別，
在於後者多爲圈內人的成就，而前者卻鮮少出現在圈內，致
使女性主義實務和科學實務難以整合在一道，這種情形尤以
物理科學爲最（Lowe, 1993: 169）。女性主義者雖然大多只
能站在自然科學界之外予以批評，但仍有少數領域的實務，
受到女性主義學術影響而形成多元論述，生命科學中的生物
學便是最佳例證。

由於生物學的某些研究範圍直接觸及女性的生活，它們
受到女性主義的關注也最大，目前最活絡的領域是有關人類
的生殖生物學和行爲生物學（Lowe, 1993: 161-162）。至於
充滿生物決定論意識形態和男性偏見的社會生物學，則備受
女性主義批判（Birke, 1994: 68-69）。而強調人類與自然和
諧相處的生態學，相形之下顯得大受青睞（King, 1992:
132）。

　　女性主義者通過生殖生物學的啓蒙而有所覺醒，開始爭取墮胎的自主權，進而對醫學專業產生質疑。此外，在婦女健康運動的推波助瀾下，女性也重拾自然生育的樂趣（Lowe, 1993: 165）。這些無疑都是女性獨有的體驗，彌足珍貴。

　　在行爲生物學方面，物種演化學和神經內分泌學的研究，重塑並強化了「男女有別」的古老偏見之一──男人爲狩獵者，女人爲採集者。Longino 和 Doell（1983: 211-222）對這彼此相關的兩種研究的問題、資料、假說做了嚴謹的邏輯考察，發現在論據和假說之間隱藏著性別偏見。Harding（1986: 92-102）進一步強調，她們二人的發現，顯示出男性中心主義偏見和「不好的科學」。

　　這種帶有強烈偏見的生物決定論，最引人爭議乃是 1970 年代中期問世的社會生物學，它堅持生物學決定一切命運。在其影響下，生物學家嘗試從分子層面掌握人類的命運，一項匯集全球科學家心力的「人類基因體計畫」（the Human Genome Project）便應運而生（Rose, 1994: 173）。女性主義科學家 Keller（1992a: 298）擔心這項計畫關心的不是人而是疾病，以致走上捨本逐末的道路。

　　於後現代主義思潮的省察中，科學乃是詮釋性的敘事，自然則是文本（The Biology and Gender Study Group, 1989: 183）。雖然在新遺傳學的反映下，自然的複雜性有被化約

為簡單的文本之虞（Rose, 1994: 199），但只要心存天人合一的生態觀，自然便不致遭受割裂，女性主義者對這點尤其感同身受。

由於西方文明傳統長期存在一種二元論，把理性／情感、心靈／身體、男性／女性、文化／自然對立起來，世界遂被割裂。女性主義生態學就此提出一套新的辯證的、動態的一元觀點，相信對世間和諧有所裨益（King, 1992: 131）。

三、女性主義社會科學與人文學：以女性學為例

女性主義社會科學與人文學可以涵蓋的學科甚多，舉凡社會方面的法政經社，人文方面的文史哲藝，在過去四十年間，無不受到女性主義衝擊而有所變革。如果女性主義科學的真諦，是照女性主義的方式從事科學工作，那麼最具代表性的女性主義社會科學與人文學整合下的學科，就非女性學莫屬了。

女性學自 1970 年形成為一門學科時，的確肇端於一些社會科學與人文學專業科系的女性教師，她們開設正式或非正式的課程，以反對來自本學科內男性觀點的偏見，並據此凝聚共識，建構起新的科際學科（Hunter College Women's Studies Collective, 1995: 6, 12）。

新學科站在女性主義的學術政治立場，表現出反學科的全面批判，其作法是運用幾項概念對各種論述進行分析。她們的努力揭露了男性視野的盲點，也帶動部分男性的學者藉女性主義反身而誠，進而促成男性學（men's studies）的誕生（Morgan, 1992: 6-7）。男性學無疑是女性主義整合學科的新範例。

女性學關心的是如何擺脫男性的偏見，男性學關心的則是此後該如何確立無偏見的觀點，這當然是一種相對的進步。但就整個社會而言，男女的處境雖不盡平等，但攜手共同改善現狀，卻是可行的途徑，於是性別學（gender studies）亦隨之出現。性別學所處理的主要是不同性別之間互動的議題，女性學者雖樂見這種學術上的多元發展，但仍堅持以「女性」做為根本訴求（Hunter College Women's Studies Collective, 1995: 13）。

一些女性主義者樂見性別學的有容乃大（King, 1995: 7-8）；有的則擔心女性學會消融於性別學中（Ruth, 1990: 6）；更有人認為男性學和性別學的出現，皆是對女性學的反挫現象，不可不防（Cramer & Russo, 1993: 106）。

筆者主張將從女性學到男性學再到性別學的發展，視為一系辯證式的動態歷程，在廣義的女性主義社會科學與人文學中，不斷開創其理論深度和實踐廣度。畢竟女性主義是源

自對男性中心主義所作的批判，男性的聲音似乎仍值得重視。

　　女性學繼承了 1960 年代各種爭取人權的社會運動傳統。做爲一門女性主義整合學科，目前所探討的女性議題，特別關心弱勢族群女性，包括各地的少數民族、原住民、第三世界女性、女同志、工人階級、自認過重者、殘障者，以及年老者等。其目的就是累積一些有力知識，以協助這些爲男性甚至白種中產階級女性所忽略的族群，早日獲得解放（Cramer & Russo, 1993: 100-103）。

女性主義科學學

一、女性主義與科學學

　　近四十年的科學學論述，大多出自男性之手。這些規範性或描述性的論述，使世人對同樣多爲男性主導的科學事業（enterprise），有了較深的瞭解。也對其可能帶有的偏見，如階級主義、種族主義等有所警覺。當少數女性主義者涉足科學學時，她們的貢獻乃是發男性所未發，即揭露科學論述及科學活動中的性別主義偏見。

　　從事科學學探討至少有兩種方式：一是身爲科學家，同

時反身而誠進行科學學考察；另一則是身爲科學學家，站在科學之外加以研究。此外還有一個必須考慮的問題是，雖然Harding（1991: 309）認爲，自然科學是一種特殊的社會科學，但科學在實際情況上及人們心目中，仍有自然科學與社會科學之分。相對於社會科學中女性主義科學學論述的空前盛況，自然科學界簡直屈指可數。此中前者多爲社會科學家所爲，後者卻僅二、三人爲科學家（Leavitt & Gordon, 1988: 186）。

回頭來看，做爲一門新興學科的科學學，其主要研究對象，仍落在自然科學領域。尤其科學社會學，更是站在社會科學與人文學立場關心自然科學。相形之下，女性主義與科學學的對話，似乎可爲整個科學學帶來互補的效果。

再往深一層省察，百餘年來科學學逐漸蔚爲一門學術領域，多少與包括應用科技在內的自然科學日漸走向精細的專業分工有關。科學家自認只重事實，不談價值，把自然割裂得非常瑣碎。科學學家卻發現這種割裂的心態，本身也屬價值判斷。因爲科學學家對自然科學背後的意識形態有所批判，而科學家的強勢遊戲規則又不易轉圜，科學學與科學只好各自爲政。

但這點在社會科學與人文學領域就不那麼顯著了。二者比較能夠容許不同的立場並存，在多元的學術環境中，社會

科學與人文學同科學學便無需壁壘分明。且某些社會科學學科，如社會學、心理學、人類學、政治學的研究課題，均與科學學有所重疊。

上述情形或能說明女性主義科學學側重社會科學與人文學的原因。女性學發展至今僅三十餘載，先前集中於社會科學與人文學知識的破與立，對自然科學的批判主要是 1990 年代的事，可謂方興未艾，大有可為。女性學此後若能與既有的科學學攜手合作，定會產生互惠作用，造成學術深化的效果，同時對日後科學研究的取材和科技政策的形成帶來一定影響。

二、女性主義科學史

女性主義科學史所要破除的迷思（myth）包括質與量兩方面。在量的方面，女性學強調現代科學與技術並非完全由男性所開創，廣大的女性人力也有其相對貢獻。在質的方面，女性學考證有些偉大的科學成就，女性其實是居於關鍵地位的。例如，愛因斯坦的首任夫人 Mileva Maritsch 之於特殊相對論，晶體學家 Rosalind Franklin 之於 DNA 結構的發現等。但最具代表性的女性主義科學史成果，當推由物理學轉行至生物學再轉行至科學學的 Evelyn Fox Keller，對遺傳學家 Barbara McClintock 一生研究工作所做的探討。

McClintock 於 1940 年代提出基因轉位（ genetic transposition）理論，在當時被視爲異端，但至 1983 年卻因此發現而獲得諾貝爾醫學獎。一項科學發現延宕了近半世紀才爲主流學界所接受，在 Keller 看來，主要跟 McClintock 的思維模式，與男性爲主的科學意識形態背道而馳有關。

現代科學的研究傳統自十七世紀發端，即信守由果溯因、以簡馭繁的線性思維模式，據此肢解自然進而支配自然。與之呼應的實際作法，便是製造人爲的區分（division）。McClintock 的態度並非一味拒斥這種思維，而是有容乃大，主動開發新的可能。她接納自然的繁雜與差異。她試圖尊重而非消弭個別差異，使其能夠被瞭解。她想發現的不是人爲的定律（law），而是自然的規律（order）（Keller, 1985: 162-165）。

McClintock 並非女性主義者，她是一位地地道道的科學家。而 Keller 以女性主義觀點從事科學史詮釋，也非刻意把 McClintock 的研究視爲女性主義科學。 Keller 無寧是想凸顯男性科學的有限與不足（Keller, 1985: 173-175）。她藉著詮釋 McClintock「順天應人」的研究策略，批判了十七世紀以來由男性主宰的「戡天」式科學研究途徑（Keller, 1992b: 32），這正是女性主義科學史的最佳範本。

三、女性主義科學哲學

由於既有科學的強勢表現，女性主義科學學當前的應有作法，不是倡議一種新科學以取而代之，而是讓科學變得更有人性——不只包括男性，也包括女性。女性主義科學哲學，基於這種包容而非對立的策略，乃更積極主張落實科學的客觀性。

Longino（1981: 194）認為女性主義觀點帶來反省與批判，有助於促進科學的客觀性。她主張女性主義科學學可以超越科學哲學偏重邏輯的經驗主義與偏重歷史的整體主義之對立（Longino, 1983: 101），但必須先行區別自己究竟是在對科學還是在對實證主義科學哲學進行批判（Longino, 1988: 573）。

Longino 發現女性主義科學學有可能混淆批判的對象，正好 Harding （1987: 2-3）已就科學的研究方法、方法學與知識學做出明確的區分。她指出三者的不同：研究方法是「作研究時蒐集論據的技術」，像傾聽對象所述、觀察其行為、考察過去紀錄等；方法學是「指引研究如何進行的理論與分析」，如馬克思主義或現象學等；知識學則是「有關知識的理論」，如誰是「知者」（knower）？如何測試知識的正當性？何種事物能夠被知道？

一般而言，女性主義科學哲學主要在試圖釐清知識學層

面的問題，據此肯定女性體驗在人類知識形成中不可或缺。
然後把這種知識理論整合進方法學層次的傳統分析架構中，
最後落實於不同學科的研究方法上。因此從事女性主義科學
學批判不應捨本逐末，而要從最根本的知識學層面著手。通
過科學哲學批判，以強化包括女性體驗在內的科學知識客觀
性，繼而完成對既有科學的批判。

　　女性主義不是要重構科學知識，而是要重構知識學，即
重構有關知識的理論。對此，Rose（1983: 73-74）藉由對勞
動力發展的歷史分析，顯示超越區別手、腦、心的勞動，以
促進人間和諧的重要。Turkle 和 Papert（1990: 157）則從認
知方面的研究中，體認到電腦程式設計的多元潛力，女性主
義可經由此種知識學多元主義，改變目前帶有男性偏見的電
腦文化。

四、女性主義科學社會學

　　由於科學社會學關心的是科學活動當下的外在脈絡問
題，使其較科學史更直接觸及各科學共同體背後的權力運作
狀況。女性主義對此所做的改革，當然從最切身的體驗開
始。像女性健康運動，便是針對傳統醫院結構而發。她們創
設女性診所、成立自助團體，並施行不同於傳統的生育方
法，目的就是為擺脫由男性主導的科技體制和意識形態對女

性身體的宰制（Imber & Tuana, 1988: 141）。

女性主義科學社會學站在科學學批判的立場分析現況，並影響及類似上述改革的發生。女性主義在三方面拓展了傳統科學社會學：理論、方法、自我，這使得社會學添加了女性主義的關注，令學者通過自身體驗，以界定研究工作（Loughlin, 1993: 7）。

今日許多性別歧視和父權宰制，仍舊假科學之名而行。女性成為科學論述的材料及對象，尤其是女性的身體（Jacobus, Keller, & Shuttleworth, 1990: 1-10）。當生物學被拿來反對女性改變其社會角色時，女性主義者實有必要挺身而出，以學術和行動來扭轉女性的命運（Sayers, 1986: 2）。尤其是由來已久的宗教和哲學上對女性的偏見，被科學概念增強和延續後，正本清源的需要顯得更迫切（Tuana, 1993: x）。

身體不只是文化的文本，也是文化的實踐，它使社會控制直接落實。各種習俗、規矩，在在形塑了身體（Bordo, 1992: 13）。女性主義科學社會學家，洞悉了掌握權力的男性，藉著科學論述以控制女性身體的企圖，便努力破除之。例如，對整形外科進行經驗性的實地研究，發現其所帶來的女性主義兩難：自由抉擇與科技宰制（Davis, 1995: 169-170）。

更基進的作法是通過實地考察，去解讀和重新書寫娼妓的身體，使其從傳統的邊緣人物轉變為後現代的哲學家（Bell, 1994: 185）。由此可見女性主義科學社會學的顛覆性格，早已大大超出傳統科學社會學的描述性質了。

結 語

女性主義者經過一番奮鬥，終於在大學校園中為女性學爭得一席之地。在美國，女性學稱得上是顯學，連書店分類架上都有屬於自己的空間。在臺灣，她則是一些教學課程和研究議題。但無論是臺灣還是西方國家，女性學總是跟社會科學與人文學走得比較近，似乎很少有機會同自然科學及應用技術接觸，而科學學正好可為他們搭起一道橋。

科學和宗教是現代文明中兩種極重要的內涵，它們支配著歷史的走向與人類的命運。為了「知命」而不「認命」，每個人都有必要對科學及技術和宗教及信仰作出反省。在過去一個半世紀裡，人們逐漸省察到階級主義和種族主義的不是，近來女性主義則揭露出性別主義的偏見。為了加深世人對這些偏見的瞭解和改善，社會運動和學術活動都是可行途徑。在學術活動中，學科之間的對話有助於減少隔閡，促進合作。

科學學與女性學的合作，對女性學的助益，乃是能夠拓

展其學術領域，擴大其影響範圍。此一新方向的開發，可經由實施通識教育以形成廣度，從事科際整合以掘出深度。例如，採取協同教學方式開設通識課程，以及結合科學家、科學學家、女性學家共同進行大型研究計畫，如此在教學與研究上皆無所偏廢。

而合作對科學學的助益，則是融匯了女性主義精神的科學學，多少會對科學論述及實踐產生潛移默化的作用。唯有把科學帶進公共領域，讓人們不再對其無知而敬畏，方能形成真正能造福人群的科技政策。

以健康科學為例，偏向自然科學的醫學，始終對一個國家社會的醫療保健政策具有主導地位。相對地，偏向社會科學的護理學和公共衛生學，則處於邊緣位置。這些學科若有意提昇自己在健康科學中的位階，並對醫療保健政策的決策有所影響，則對主流學科「知己知彼」的工作就顯得很重要。像護理學便可通過科學學考察，以瞭解本身與醫學的互動與張力，進而尋求改善之道。而這種考察再搭配上女性主義觀點，將更能周詳、有力。希望本篇對於這類的改革努力有所啟發。

參考文獻

Antler, J. (1995). Whither women's studies: A women's studies university? *Academe, 81* (4), 36-38.

Barnes, B., & Edge, D. (1982). *Science in context: Reading in the sociology of science.* Cambridge, Massachusetts: The MIT Press.

Bell, S. (1994). *Reading, writing, and rewriting the prostitute body.* Bloomington: Indiana University Press.

Benhabib, S. (1995). Feminism and postmodernism: An uneasy alliance. In S. Benhabib, J. Butler, D. Cornell, & N. Fraser, *Feminist contentions: A philosophical exchange* (pp. 17-34). New York: Routledge.

Birke, L. (1994). Transforming biology. In H. Crowley & S. Himmelweit (Eds.), *Knowing women: Feminism and knowledge* (pp. 66-77). Cambridge: Polity.

Bordo, S. R. (1992). The body and the reproduction of femininity: A feminist appropriation of Foucault. In A. M. Jaggar & S. R. Bordo (Eds.), *Gender / body / knowledge: Feminist reconstructions of being and knowing* (pp. 13-33). New Brunswick, New Jersey: Rutgers University Press.

Brante, T., Fuller, S., & Lynch, W. (Eds.). (1993). *Controversial science: From content to contention.* Albany: State University of New York Press.

Cramer, P., & Russo, A. (1993). Toward a multicentered women's studies in the 1990s. In C. Kramarae & D. Spender (Eds.), *The knowledge explosion: Generations of feminist scholarship* (pp. 99-117). New York: Harvester Wheatsheaf.

Dallery, A. B. (1992). The politics of writing (the) body: Ecriture feminine. In A. M. Jaggar & S. R. Bordo (Eds.), *Gender / body / knowledge: Feminist reconstructions of being and knowing* (pp. 52-67). New Brunswick, New Jersey: Rutgers University Press.

Davis, K. (1995). *Reshaping the female body: The dilemma of cosmetic surgery.* New York: Routledge.

Delmar, R. (1994). What is feminism? In A. C. Herrmann & A. J. Stewart (Eds.), *Theorizing feminism: Parallel trends in the humanities and social sciences* (pp. 5-25). Boulder, Colorado: Westview.

Farganis, S. (1986). Social theory and feminist theory: The need for dialogue. *Sociological Inquiry, 36*(1), 50-68.

Fuller, S. (1989). *Philosophy of science and its discontents.* Boulder, Colorado: Westview.

Fuller, S. (1992). Social epistemology and the research agenda of science studies. In A. Pickering (Ed.), *Science as practice and culture* (pp. 390-428). Chicago: The University of Chicago Press.

Fuller, S. (1993). *Philosophy, rhetoric, and the end of knowledge: The coming of science and technology studies.* Madison: The University of Wisconsin Press.

Gholson, B., Shadish, W. R., Jr., Neimeyer, R. A., Houts, A. C. (1989). Preface. In B. Gholson, W. R. Shadish, Jr., R. A. Neimeyer, & A. C. Houts (Eds.), *Psychology of science: Contributions to metascience* (pp. ix-xi). Cambridge: Cambridge University Press.

Gross, E. (1994). What is feminist theory? In H. Crowley & S. Himmelweit (Eds.), *Knowing women: Feminism and knowledge* (pp. 355-369). Cambridge: Polity.

Harding, S. (1986). *The science question in feminism.* Milton Keynes: Open University Press.

Harding, S. (1991). *Whose science? Whose knowledge?: Thinking from women's lives.* Buckingham: Open University Press.

Hartsock, N. (1990). Foucault on power: A theory for women? In L. J. Nicholson (Ed.), *Feminism / postmodernism* (pp. 157-175). New York: Routledge.

Held, V. (1985). Feminism and epistemology: Recent work on the connection between gender and knowledge. *Philosophy &*

Public Affairs, 14(3), 296-307.

Houts, A.C. (1989). Contributions of the psychology of science to metascience: A call for explorers. In B. Gholson, W. R. Shadish, Jr., R. A. Neimeyer, & A. C. Houts (Eds.), *Psychology of science: Contributions to metascience* (pp. 47-88). Cambridge: Cambridge University Press.

Hunter College Women's Studies Collective. (1995). *Women's realities, women's choices: An introduction to women's studies* (2nd ed.). New York: Oxford University Press.

Imber, B., & Tuana, N. (1988). Feminist perspective on science. *Hypatia: A Journal of Feminist Philosophy, 3*(1), 139-144.

Jacobus, M., Keller, E. F., & Shuttleworth, S. (Eds.). (1990). *Body / politics: Women and the discourses of science.* New York: Routledge.

Jaggar, A. M. (1992). Love and knowledge: Emotion in feminist epistemology. In A. M. Jaggar & S. R. Bordo (Eds.), *Gender / body / knowledge: Feminist reconstructions of being and knowing* (pp. 145-171). New Brunswick, New Jersey: Rutgers University Press.

Keller, E. F. (1985). *Reflections on gender and science.* New Haven: Yale University Press.

Keller, E. F. (1992a). Nature, nurture, and the Human Genome

Project. In D. J. Kevles & L. Hood (Eds.), *The code of codes: Scientific and social issues in the Human Genome Project* (pp. 281-299). Cambridge, Massachusetts: Harvard University Press.

Keller, E. F. (1992b). *Secrets of life, secrets of death: Essays on language, gender and science.* New York: Routledge.

King, U. (1995). Introduction: Gender and the study of religion. In U. King (Ed.), *Religion and gender* (pp. 1-38). Oxford: Blackwell.

King, Y. (1992). Healing the wounds: Feminism, ecology, and nature / culture dualism. In A. M. Jaggar & S. R. Bordo (Eds.), *Gender / body / knowledge: Feminist reconstructions of being and knowing* (pp. 115-141). New Brunswick, New Jersey: Rutgers University Press.

Kramarae, C., & Spender, D. (1993). Exploding knowledge. In C. Kramarae & D. Spender (Eds.), *The knowledge explosion: Generations of feminist scholarship* (pp. 1-24). New York: Harvester Wheatsheaf.

Kuhn, T. S. (1977). *The essential tension: Selected studies in scientific tradition and change.* Chicago: The University of Chicago Press.

Leavitt, J. W., & Gordon, L. (1988). A decade of feminist critiques in the nature sciences: An address by Ruth Bleier. *Signs: Journal of Women in Culture and Society, 14*(1), 182- 195.

Longino, H. E. (1981). Scientific objectivity and feminist theorizing. *Liberal Education, 67*(3), 187-195.

Longino, H. E. (1983). Scientific objectivity and the logic of science. *Inquiry: An Interdisciplinary Journal of Philosophy and the Social Sciences, 26*(1), 85-106.

Longino, H. E. (1988). Science, objectivity, and feminist values. *Feminist Studies, 14*(3), 561-574.

Longino, H. E. (1989). Can there be a feminist science? In N. Tuana (Ed.), *Feminism & science* (pp. 45-57). Bloomington: Indiana University Press.

Longino, H. E. (1995). To see feelingly: Reason, passion, and dialogue in feminist philosophy. In D. C. Stanton & A. J. Stewart (Eds.), *Feminisms in the academy* (pp. 19-45). Ann Arbor: The University of Michigan Press.

Longino, H., & Doell, R. (1983). Body, bias, and behavior: A comparative analysis of reasoning in two areas of biological science. *Signs: Journal of Women in Culture and Society, 9*(2), 206-227.

Losee, J. (1987). *Philosophy of science and historical enquiry.* Oxford: Oxford University Press.

Loughlin, J. (1993). The feminist challenge to social studies of science. In T. Brante, S. Fuller, & W. Lynch (Eds.),

Controversial science: From content to contention (pp. 3-20). Albany: State University of New York Press.

Lowe, M. (1993). The impact of feminism on the natural sciences. In C. Kramarae & D. Spender (Eds.), *The knowledge explosion: Generations of feminist scholarship* (pp. 161-171). New York: Harvester Wheatsheaf.

Lynch, M. (1993). *Scientific practice and ordinary action: Ethnomethodology and social studies of science.* Cambridge: Cambridge University Press.

Mann, P. S. (1994). *Micro-politics: Agency in a postfeminist era.* Minneapolis: University of Minnesota Press.

Morgan, D. H. J. (1992). *Discovering men.* London: Routledge.

Nicholson, L. (1994). Interpreting gender. *Signs: Journal of Women in Culture and Society, 20*(1), 79-105.

Nickles, T. (1989). Integrating the science studies disciplines. In S. Fuller, M. De Mey, & T. Shinn (Eds.), *The cognitive turn: Sociological and psychological perspectives on science* (pp. 225-256). Dordrecht: Kluwer.

Ormiston, G. L., & Sassower, R. (1989). *Narrative experiments: The discursive authority of science and technology.* Minneapolis: University of Minnesota Press.

Patai, D. (1995). What's wrong with women's studies? *Academe, 81*(4), 31-35.

Radnitzky, G. (1973). *Contemporary schools of metascience* (3rd ed.). Chicago: Henry Regnery.

Rose, H. (1983). Head, brain, and heart: A feminist epistemology for the natural science. *Signs: Journal of Women in Culture and Society, 9*(1), 73-90.

Rose, H. (1994). *Love, power and knowledge: Towards a feminist transformation of the sciences.* Cambridge: Polity.

Rosser, S. V. (1989). Feminist scholarship in the science: Where are we now and when can we expect a theoretical breakthrough? In N. Tuana (Ed.), *Feminism & science* (pp. 3-14). Bloomington: Indiana University Press.

Rouse, J. (1987). *Knowledge and power: Toward a political philosophy of science.* Ithaca: Cornell University Press.

Ruth, S. (1990). An introduction to women's studies. In S. Ruth (Ed.), *Issues in feminism: An introduction to women's studies* (2nd ed.) (pp. 1-16). Mountain View, California: Mayfield.

Sayers, J. (1986). *Biological politics: Feminist and anti-feminist perspectives.* London: Tavistock.

Schmaus, W. (1991). Book review. *Philosophy of the Social Sciences, 21*(1), 121-125.

Shadish, W. R., Jr., Houts, A. C., Gholson, B., & Neimeyer, R. A. (1989). The psychology of science: An introduction. In B. Gholson, W. R. Shadish, Jr., R. A. Neimeyer, & A. C. Houts (Eds.), *Psychology of science: Contributions to metascience* (pp. 1-16). Cambridge: Cambridge University Press.

Smith, S. G. (1992). *Gender thinking.* Philadelphia: Temple University Press.

Stanton, D. C., & Stewart, A. J. (1995). Remodeling relations: Women's studies and the disciplines. In D. C. Stanton & A. J. Stewart (Eds.), *Feminisms in the academy* (pp. 1-16). Ann Arbor: The University of Michigan Press.

The Biology and Gender Study Group. (1989). The importance of feminist critique for contemporary cell biology. In N. Tuana (Ed.), *Feminism & science* (pp. 172-187). Bloomington: Indiana University Press.

Tong, R. (1992). *Feminist thought: A comprehensive introduction.* London: Routledge.

Tuana, N. (1989). Preface. In N. Tuana (Ed.), *Feminism & science* (pp. vii-xi). Bloomington: Indiana University Press.

Tuana, N. (1993). *The less noble sex: Scientific, religious, and philosophical conceptions of women's nature.* Bloomington: Indiana University Press.

Turkle, S., & Papert, S. (1990). Epistemological pluralism: Styles and voices within the computer culture. *Signs: Journal of Women in Culture and Society, 16*(1), 128-157.

Webster, A. (1991). *Science, technology and society: New directions.* London: Macmillan.

Weedon, C. (1993). *Feminist practice and poststructuralist theory.* Oxford: Blackwell.

Woolgar, S. (1993). *Science: The very idea.* London: Routledge.

宗教學與科學學及女性學——科際對話

為什麼要對話？

　　本篇的中心關注，是西方學術領域中，人文學（humanities）範疇內的宗教學（religious studies）。宗教學自 1960 年代起，始在歐美大學獨立設系（King, 1983: 35），但考其學術研究根源，則可回溯至十九世紀後期，德國語言學家 Max Müller 對東方宗教的探討。自 Müller 至今，以第二次世界大戰結束的 1945 年為分水嶺，宗教研究可分為古典途徑和當代途徑兩時期（Whaling, 1983: 1-2）。在當代研究途徑中，社會科學的份量明顯加重，這主要包括心理學、人類學、社會學對宗教現象的研究（Whaling, 1985: 18）。

　　西方宗教學的古典研究途徑，具有不自覺的西方觀點和基督宗教中心立場，有時亦不免受到神學主張的影響（Whaling, 1983: 12-16）。但時至今日，在現代主義和後現代主義思潮先後衝擊下，保守的神學已通過「意識覺醒」（consciousness raising）而產生自我察覺（self-awareness）（Zikmund, 1993: xv），開始注意到對話（dialogue）的重要（Smith, 1993: 90-103），這種進展對宗教學不無啟發。

　　神學界所追求的對話是各民族間、信仰間的全面（ecumenical）活動，其目的包括：交換資訊、為了公理和正義而合作、學理上的增益（Smith, 1993: 98）。但是跨文化

的信仰間對話不免困難重重，改善之道乃是把對話焦點從神學轉移至倫理學，此點獲得了女性主義神學家的支持（Smith, 1993: 101-102），也為天主教神學家所肯定（Küng, 1992: 79）。

對話意指討論（discourse），是一種蘇格拉底式的哲學態度，針對倫理問題反覆爭議、批評、論辯（debate）以尋求解答。事實上，這種態度經其學生柏拉圖發展成為更為嚴謹的哲學方法──辯證法（dialectic），對後世影響深遠（Reese, 1983: 130）。至於原初那種較為隨緣（random）式的對話，在人類知識的形成上，也始終扮演著鮮活的角色。

秉持著追求真理的哲學古老精神，對話在現代是以一種相互主觀的溝通（inter-subjective communication）方式發展著（Habermas, 1988: 150）。它可以是學科內、學科間、科際學科（interdisciplinary）內，以及科際學科間（inter-interdisciplinary）的對話。本篇所提示西方的宗教學、科學學（science studies）和女性學（women's studies），均屬於科際學科。科際學科的存在，意謂著科際整合（integration）的可能。在科際整合的過程中，各學科的互動是互惠的（reciprocal），這種互惠式的互動，無疑可以靠對話來促成。

宗教學做為一門科際學科，至少包含宗教哲學、宗教心

理學、宗教人類學和宗教社會學等學科（Godlove, 1989:
1），宗教史亦應列入（Lawson & McCauley, 1993: 14）。不
同於神學的以信仰爲宗，宗教學理當是有容乃大的多元化
（pluralistic）學科（Hastings, 1990: 239）。本篇嘗試讓宗教
學與另外兩門在現代社會中方興未艾的科際學科——科學
學、女性學——分別對話，正是爲了開創宗教理論與現代社
會的互動關係。

宗教學：宗教理論與實踐的後設探究

一、後設探究：說明與詮釋、理性與體驗

後設探究（meta-studies）是指對某類基本事物或學術，
進行另一層次的考察。例如，把宗教當做一種文化現象或儀
式系統來討論，以及把科學當做一種社會產物或知識系統來
研究等。 如科學裡的物理學或化學，是針對物性去探索；
宗教裡的神學或佛學，則是扣緊教義而推敲。基本學術有時
候會見樹不見林，後設探究雖不必要與基本學術處處劃清界
限，但是它在自成格局後，往往能夠退一步海闊天空。二者
若能彼此彰顯，或可收相輔相成之效。

屬於人文學的宗教學，並不像基督宗教神學、伊斯蘭教

神學或佛學那樣，直接去處理本身宗教信仰共同體教義的內涵問題，而無寧是從人類的信仰體驗或儀式語言等外延問題上切入。然而這種切入的努力，若是完全不觸及信仰內涵，便難免形成不相應。也因此，宗教學的研究，現象（phenomenon）上因果內容（content）的描述性說明（explanation）和本質（noumenon）中意義脈絡（context）的評價性詮釋（interpretation），勢必要互為表裡，這也正是許多人文學科研究的特性。

問題是，過去宗教學的研究多半重詮釋而輕說明，尤以宗教史和宗教哲學為甚。近年 Lawson 與 McCauley（1993: 13-14）倡議應平衡發展，讓科學的（scientistic）與詮釋學的（hermeneutic）研究相互輝映。

宗教學內偏詮釋學的研究多半落在屬於人文學的史學和哲學中，而偏科學的研究則常見於屬於社會科學的心理學、人類學與社會學。雖然宗教學本身歸為人文學，但因其具有科際整合的特質，乃不必要排除科學探究；相對的，宗教學內的社會科學探究，也無需拒斥詮釋性瞭解。

Lawson 與 McCauley（1993: 15）指出，當宗教學在探討像宗教這般與人息息相關的課題時，至少會出現三種邏輯上可能的立足點：

・說明或詮釋取其一的排除式論點（exclusivism）。

・將說明置於詮釋之下形成從屬關係的包容式論點
（inclusivism）。

・說明與詮釋互滲（inform each other）的互動式論點
（interactionism）。

此外，宗教學尚面臨對不同宗教信仰的理性評判
（rational assessment）問題。由於學術研究不同於宗教信
仰，是必須要從事理性評判的，唯當評判的對象正好是信仰
時，評判活動經常會在同一個宗教傳統中進行，例如，在耆
那（Jains）或吠陀（Vedantins）傳統中看佛教，或在猶太傳
統中看基督宗教。

一旦要從事不同傳統間的論辯時，就不免遭逢「宗教體
驗是否能為宗教信仰提供論據（evidence）？」的棘手
（paralysis）困境（Yandell, 1993: 6-8）。這類困境和前述各
種立足點，均凸顯出宗教學的多元格局，適於通過與其他學
科的對話來加以釐清。

二、宗教學的主要分支學科

宗教是多元的、複雜的有機體（organism），它具有六
項組成面向（aspect）或構面（dimension）：儀式的、神話
的、教義的、倫理的、社會的以及體驗的構面（Smart, 1991:

6-12, 16）。其中前五項形塑出各種宗教或宗教傳統，後者則是人對某種宗教傳統的深層體驗。

Yandell（1993: 24）分辨出，人間至少存在著五種宗教體驗：

- 基督宗教與伊斯蘭教諭令的（numinous）體驗。
- 佛教涅槃的（nirvanic）體驗。
- 耆那教全知的（kevalic）體驗。
- 印度教止觀的（moksha）體驗。
- 神秘主義本然神秘的（nature mystical）體驗。

針對上述宗教傳統和宗教體驗，所從事的學術研究與教學，正是今日宗教學共同體的主要活動。如前節所言，宗教學的主要分支學科包括：宗教史、宗教哲學、宗教心理學、宗教人類學及宗教社會學，現分別簡述如下。

宗教史可以像科學史一樣區分為內在史（internal history）和外在史（external history）。照 Kuhn（1977: 110-114）的說法，內在史是學者走進研究對象的史料中去設身處地學習，以求瞭解其內涵，據此記錄其發展歷史。而外在史則可分為制度史、思想史、區域史三方面。通過內在史與外在史的研究，學者扒梳釐清不同宗教傳統的理路，為教內教外人士開啟了交流之窗。

　　宗教哲學的任務，是對宗教信仰進行分析與批判性的評價。它所強調的關鍵因素有四：清晰、批判、論證、綜合，所考察的方向有三：形上學、知識學、倫理學（Peterson, Hasker, Reichenbach & Basinger, 1991: 7）。宗教哲學可以自宗教史中汲取資源，以擺脫西方哲學傳統路數，走向更為多元化的思考空間（Ernst, 1991: 46）。

　　宗教心理學的努力，是對個人生活中宗教體驗的描述與瞭解。其焦點集中在「個人生活」的心理探究上，並非尋求對宗教的全面把握（Meadow & Kahoe, 1984: xix）。由於心理學本身即有路線之爭，不必定於一尊，因此偏重行為說明的實證主義，可以跟強調體驗詮釋的現象學兼容並蓄，共同為宗教心理學的社會科學研究做出貢獻（Batson, Schoenrade & Ventis, 1993: 16-17）。

　　宗教人類學站在社會科學的立場上，針對各種宗教傳統進行較小規模的探究，因此它最常使用的探究方式便是田野工作（fieldwork）。田野工作結合考古學，可說明不同宗教的起源。與民族誌（ethnography）對話，可對各民族所相信的神秘力量或神明（charisma）加以闡述（Lewis, 1988: vii）。

　　同樣是社會科學研究，宗教社會學的探究規模較宗教人類學大得多，取樣（sampling）與統計分析的技術也相對較

重要。它主要是把宗教當做一種社會現象來看待,考察其與他種社會現象的互動關係(Johnstone, 1992: 1-2)。像制度、組織、階級、性別、權力等,均與宗教活動有所關聯。

科學學:科學理論與實踐的後設探究

一、從多學科到科際學科

科學學又稱為後設科學(metascience),是一種站在科學後面(after)看問題,或討論有關(about)科學事物的學問(Radnitzky, 1973: xi)。科學學原本只是幾門在不同領域中分支學科的鬆散組合。這種多學科組合(multidisciplinary array)的目的,是針對科學的操作及結果,做較有系統的考察(Shadish, Houts, Gholson & Neimeyer, 1989: 1)。

一如宗教學的分支學科,科學學主要包括科學史、科學哲學、科學心理學、科學人類學和科學社會學。這些學術在其歸屬領域裡,乃是邊緣性的小分支學科,多半未受重視(Lynch, 1993: xii)。但是由於科學學的興起與建構,遂由多學科組合走向科際學科的形成。

科學學的形成,大約跨越了一個半世紀。其主要分支學科最早出現的,是一門叫「科學歷史與哲學」(History and

Philosophy of Science）的學科。這是由英國地質學家 William Whewell 在 1840 年所創立，當時具有指引科學發展的規範（prescriptive）目的（Fuller, 1993: 4-5）。但是史學與哲學畢竟是不同的專業，一個世紀後，Kuhn（1977: 20）肯定二者必須分立，但要經常對話，而 Losee（1987: 119）則提示了二者從規範學科轉型為描述（descriptive）學科的可能。

科學學的第三個分支，是美國社會學家 Robert Merton 在 1940 年代末所開展出來的科學社會學。當時所側重探討的，是科學界精神（ethos）上的聯繫，至 70 年代逐漸轉向經驗性研究（Webster, 1991: 7）。

相形之下，科學心理學和科學人類學的出現，則是相當晚近的事。科學心理學有意識地凝聚為一門學科，始於四位美國應用心理學家在 1985 年的努力（Gholson, Shadish, Neimeyer & Houts, 1989: ix-x）。而科學人類學幾乎可以說尚在萌芽階段，Woolgar（1993: 84-86）介紹了對實驗室活動從事考察的民族誌研究。至於 Lynch（1993: xii）所提倡，專門研究微觀社會現象的俗民方法學（ethnomethodology），雖然屬於社會學範疇，似也可歸為科學人類學。

二、科學學的主要分支學科

科學史有內在史與外在史之分。前者深入科學知識內部

去找尋關聯性，後者則考察社會文化對科學發展的影響
（Kuhn, 1977: 119）。此一區分多少反映了以基督信仰爲主
的西方文化中，自由意志與決定論，或自律與他律的問題，
當然也就因此提供了科學哲學家不同的思考方向（Fuller,
1989: 161-162）。Losee （1987: 78）把這種不同的哲學觀
點，稱爲邏輯主義（logicism）與歷史主義（historicism）。

科學哲學有英美傳統與歐陸傳統之分（Rouse, 1987: viii-
ix）。前者有意通過邏輯經驗主義將所有科學加以統一，後
者則希望經由詮釋學和辯證法以瞭解科學（Radnitzky, 1973:
xiv-xxi）。由於哲學習於規範，Fuller（1991: xi）遂引進社
會科學的經驗要求，創立了「社會知識學」。他把科學哲學
的關注焦點，導向知識政策的修辭（rhetoric）（Fuller, 1993:
33）。這點類似探究科學與技術的敘事（narrative）
（Ormiston & Sassower, 1989: x）。

相對於前二者的多元分化，方興未艾的科學心理學，則
尚在建立共識的階段。Shadish 等四人（1989: 10-13）設計了
一個矩陣式的格局（grid），用以框架並顯示科學心理學的
內容。它把科學工作區分成十八個構面，納入心理學的五個
論域（domain）──創造、認知、性格、動機、社會──加
以探討。這些構面或論述，均著眼於科學家「個人的」活動
和心態，這正是科學心理學的特色（Houts, 1989: 79）。

　　不同於科學心理學的個人導向，科學社會學是把科學家當做共同體來探討。其中採取民族誌進行研究的學者，則像人類學家從事田野工作一般，把科研單位或實驗室當做部落。自己用一種「陌生人」的立場投入，大約相處十八個月，以如實瞭解科學活動（Woolgar, 1993: 84-86）。至於俗民方法學也是自日常瑣碎的體驗接觸中，去把握科學工作的系譜（genealogical）關係（Lynch, 1993: 1）。

　　古典社會學一開始就認為，科學是自外於社會的獨立客觀知識形式，即使到 Merton 研究科學制度時亦做如是觀。情況直到近四十年才有改變，科學觀念終於成為社會分析的主題之一（Webster, 1991: 6-9）。不同於科學哲學對科學觀念的抽象推理，科學社會學希望實事求是地考察科學家的信念與實務，探究其做為一種次文化，而與廣大文化間的關係（Barnes & Edge, 1982: 2-3）。

女性學：理論與實踐的另類關注

一、女性學的特色

　　1960 年代，歐美國家出現了第二波婦女運動。影響所及，包括在大學校園內開設一些有關婦女議題的課程。至

1970 年，這些課程首次被稱爲「女性學」。七年後美國成立
了全國女性學學會，並擁有自己的學術期刊。目前女性學已
被視爲一門具有深厚潛力的科際學科，在歐美各大學中普遍
形成爲系級的教學研究單位或學群。其最具特色之處，即是
以女性主義基礎（Ruth, 1990: 1-3）。

　　女性主義所凸顯的主體性（subjectivity），把過去男人
主導的「探討女性」（study of women），轉換爲女人主導的
「女性探討」（women's studies）。可說是爲學術活動的理
論與實踐，提出了另類關注（alternative concern），即把性
別（gender）因素納入考慮。社會層面廣泛的性別認同，聯
繫著生物層面普遍的性（sex）分化，乃是每個人終其一生不
時要面對的人類差異（human differentiation）問題（Smith,
1992: 3）。女性學的另類關注，往往可以使得各領域的學術
研究變得更豐富、更多元。

　　女性學雖然強調女性主義的堅持，但在學術研究的途徑
上，仍然可以區分出兩層不同的「意識覺醒」。此即女性或
陰性（feminine）意識，以及女性主義意識。女性意識把傳
統上歸於女人的性別特徵──主要是養育、慈悲、照護──
視爲積極而正面的人類特徵，而加以發揚光大。女性主義意
識則在宏觀及微觀政治的考量下，肯定女人受到宰制、壓抑
的從屬（subordinated）地位，進而尋求改善之道（Tong,

1993: 4-6）。

　　女性學雖然是一門科際學科，但是它並不像宗教學和科學學那樣，具有一組核心科目。而是針對各學術領域，加上「女性主義者」的標籤，以示另類關注。於是我們可以有「女性主義宗教學」，甚至「女性主義宗教心理學」。這種提法的可能性與正當性，正是本篇的關注所在。

二、女性學的現況

　　女性學在大學校園內，往往以反學科（counterdisciplinary）立足，即向大部分傳統學科挑戰。其方式是以下列五項概念做為基本工具，對各種問題進行分析：性、性別、角色、刻板印象（stereotype）和理型（ideal）（Ruth, 1990: 13-14）。而在概念分析的背後，女性學的發展其實呈現出女性主義的思想路數，目前至少有六個學派並存：自由派、馬克思主義派、基進派、心理分析派、社會主義派，以及後現代派（Tong, 1993: 7）。這些學派除了基進派外，多少都反映了觀點形成當時的重要思潮。

　　女性主義並非學院的產物，而是婦女爭取權益、集結運動下的共識凝聚。其中除了基進女性主義完全以女性經驗為根據外，其餘各派均不免採用由男性所主導的思潮來建構理論。這種不以人廢言的作法，可視為女性主義實踐的政治策

略（Weedon, 1993: 13）。

當前女性主義的新興論述為後現代觀點。在此之前，女性主義屬於現代主義之內的社會及智識運動。然而自 70 年代起，後現代時期到來，以男性為主體的規範式人性認同逐漸式微，女性主義遂衍生出後現代主義的分支——後女性主義。性別關係的變遷，成為此一時期最有意義的社會現象（Mann, 1994: 2）。

但是由於後現代主義宣告人的死亡、歷史的死亡，以及形上學的死亡，而使得學者感到憂心忡忡。因為如此一來，女性主義可能因為跟後現代主義的結盟而喪失著力點。自我感、女性史、基進社會批判，全都跟著被葬送。唯一的收穫，只是自女性主義烏托邦的迷夢中撤離（Benhabib, 1995: 29）。

本質主義式的一廂情願，使得以女性主義為基礎的女性學擴充得極為迅速，從女性主義政治學到女性主義美學應有盡有。如今這些令人目眩的盛況，已被後現代主義澆了一頭冷水（Benhabib, 1995: 30）。激情雖已降溫，理想卻未熄滅，後女性主義下的女性學，若對各種理論與實踐持續關注，則仍有極大的發展空間。

宗教學與科學學的對話

一、對宗教的助益

宗教學與科學學的對話理當是互惠的,而且在方式上可以落實於宗教與科學的對話中。在西方基督宗教傳統內,這便是神學與科學的對話。十六世紀時,由於現代科學的興起,造成自然神學的衰退,僅剩下傳統的啟示神學與新興的自然科學對抗(Ostovich, 1990: 1)。到了十九世紀末,德國詮釋學哲學家 Wilhelm Dilthey 將科學分爲自然科學與歷史科學兩種,神學才開始跟科學展開科際對話(Ostovich, 1990: 97)。這種對話無疑對基督宗教有所裨益。

由於二十世紀可說是科學和技術的世紀,所以神學在理論層面向科學求緣,自有助於信仰的推展與實踐。其中一項努力是通過同科學哲學的對話,將神學納入科學的系統內。當然這種努力,還是在歷史科學及詮釋學的路數中進行的(Pannenberg, 1976: 335-337)。

歐陸傳統的歷史科學,其實就是我們現在所說較廣義的人文社會科學。把神學納入人文社會科學,有助於宗教信仰的入世,成爲公共領域的事務。發展於德國的政治神學,便

是其中產物。政治神學反對宗教信仰的個人性和私秘性,希望凸顯它的社會政治功能(Ostovich,1990: 33-35)。由於政治神學拒絕存在主義,並受到批判理論社會哲學家 Habermas 溝通實踐(Communicative praxis)觀點的影響(Siebert, 1985: 335),所以今日的神學也可說是一門社會科學。至於拉丁美洲的解放神學,則更屬於社會運動了(Beyer, 1994: 135)。

Barbour(1976: 4-11)對科學與宗教做了一番比較研究,歸納出二者的共通主題,包括:

- 科學語言和宗教語言均朝向多元功能分化,依不同目的發展出各自的邏輯。
- 科學與宗教均提出不少理論模式,以類比方式呈現現象世界或信仰體驗的種類。
- 科學與宗教在本身的歷史過程中,均曾發生理論典範轉移,使得新舊傳統有所更迭。

Barbour 以此支持他對科學與宗教所執的立場:批判實在論,並反對樸素實在論和相對主義。同樣的立場也出現在英國社會人類學家 Gellner(1992: 2)的宗教論述中,他主張啟蒙的理性主義,反對宗教的基本教義主義及後現代主義的相對主義。

總之,在一個多元、開放的時代中,西方的宗教論述經

常援引科學觀點，用以鞏固信仰。這與過去科學造成宗教式
微的情形，可說大異其趣。科技時代的宗教信仰靠著宗教與
科學，或宗教學與科學學的不斷對話，的確有可能更加興
旺。

二、對科學的助益

宗教與科學的對話，在基督宗教傳統中，似乎對宗教的
助益較大。但在佛教傳統中，對話彷彿較有助於科學的反
省。其原因可能是佛教不曾受到科學的斲喪，反而更受到科
學的尊重。佛學與科學的對話頗有應用價值，對今日應用倫
理學三大主題──環境倫理、醫事倫理、企業倫理──深具
意義。這些應用倫理學主題，均各扣緊一門重要的科學學科
──生態學、醫學、管理學，佛學於此皆有所啓蒙。

生態學反對數學量化和科學化約，強調對環境做整體的
直觀把握，使生態保育觀念近藝術及宗教而遠科學。但它畢
竟仍屬科學，此時佛學恰可居中調適，將科技的非人性和宗
教的神秘性加以調和，使之無過與不及（de Silva, 1991: 173-
175）。

在醫學方面，預防疾病、照顧患者和處理死亡三者，是
醫師所能提供最基本的服務。但現今西方醫學受到科技影響
太深，亟需較具人性的觀點予以匡正，佛學正符所需，尤其

是在安寧療護（hospice）的臨終關懷中多所發揮（Mettanando, 1991: 195, 206）。

而管理學所提示的企業組織經營之道，常常只集中在一項價值指標上：以金錢來衡量的利潤，這在現代社會中已形成金錢情意結（complex）。為改善利之所趨的偏差，佛學對人心匱乏（lack）進行正本清源的工夫，使人們能夠退一步海闊天空（Loy, 1991: 306-307）。

此外，藏傳佛教對觸及心靈／身體互動問題的心理學、認知科學、神經科學等也多所啓發。達賴喇嘛即在一次哈佛大學舉辦的學術會議上，與西方科學家誠心對話，並明示佛教對人類身心兩全的貢獻（Dalai Lama, 1993: vii）。

在另一方面，基督宗教與科學對話，有時也推動了科技後遺症的改善。創立於 1948 年的普世教協（the World Council of Churches; WCC），自 70 年代起發心關注全球生態環境，帶動了宗教環境主義，強調「正義、和平與創造的統合」，為宗教增益科學樹立了良好典型（Beyer, 1994: 212）。

至於宗教對心理衛生的影響，也可視為對話而加以考察。Masters 和 Bergin（1992: 222, 228）分辨出內在與外在兩種宗教傾向。內在宗教傾向是一種自我承諾，一種導引人生方向的動機。外在宗教傾向則是一種功利活動，一種社會化

的手段。研究發現，前者較有助於心理衛生推展。這可說是
宗教信仰潛移默化的功能發生了作用。

　　還有一事很適於做爲宗教學與科學學對話的交點，那便
是生物學中的演化論。Midgley（1986: 10-19）發現了這種科
學理論的宗教性格，肯定事實與價值的無法截然二分，科學
與宗教也不必互相爭鬥。如果彼此能夠攜手合作，則一些倫
理困境將會有所突破。

宗教學與女性學的對話

一、對宗教的助益

　　有關女人在宗教上角色與地位的探究，過去偶見男性學
者爲之，如今則有大量女性學者，對此從事批判性的學術研
究。她們引入性別與權力兩項觀點，有力地向現存宗教學以
及神學典範進行挑戰，因此造成了知識典範的轉移（King,
1995: 2）。

　　King（1995: 12-13）指出，女性學對宗教學的影響可以
分爲三個層次：解構（deconstruction）、再造
（reconstruction），以及重新建構（construction）。在解構
層次，女性主義學者從不同的宗教背景中，針對不同的宗教

傳統展開跨學科（cross-disciplinary）研究，以推翻普遍主義者（universalist）有關女性在宗教中地位的錯誤主張。她們以蒐集到的新資料，開啓了進一步的理論爭議。

在再造層次，批判工作指向不同宗教的宗教和人類學假定，對宗教史進行詳盡的研究，以揭示女性在其中被掩蓋的聲音、體驗和貢獻。此一再造涉及宗教信仰及倫理思想的翻修，以接納女人的靈性（spirituality）探索和女神崇拜。

在重新建構層次，新的宗教理論得以形成，用來樹立一個統一的架構，使其能更廣泛地包容兩性都關心的事物。女性學通過帶動男性學（men's studies）研究，邁入更寬廣的性別學（gender studies）領域中，爲宗教學做出貢獻。

新興的性別學擴充了女性學的視野和論域，使其有容乃大。但在階段性的實踐策略中，仍不能就此揚棄女性主義的執著，尤其是面對反女性主義的宗教活動時。譬如西方宗教界對世俗的性愛、避孕、墮胎等行爲持保留的態度，使女性主義備感壓力（Andersen, 1988: 242-243）。所幸有女性主義神學家對經書深入考察，爲性倫理學賦予了較積極的意義（Cahill, 1995: 9-10）。女性主義以其多元化「參與詮釋學」（participatory hermeneutics）的特質，去關心包括宗教信仰在內的人生課題（King, 1993: 9-10），多少對宗教本身的反省有所助益。

King（1995: 27-28）發現，女性學或性別學通過女性主義批判的覺察，足以對宗教學造成四個構面上的典範轉移：

- 描述構面—— 女性新的覺察使其發生新的疑問，因此產生宗教研究上新的材料和研究成果。

- 消極批判構面—— 女性對宗教文本和資料的意義受到男性中心架構、觀點和假定遮蔽的情況，加以批判地分析與解構。

- 積極批判構面—— 女性對宗教傳統的體驗、洞識和各種因素進行再造，使其呈現出現代的意義。

- 方法學構面—— 女性的批判途徑要求採取不同的方法學，以使宗教學者對其研究更加熱心和關注。

舊有典範一旦遭到質疑，新的立場自然被提出，Suchocki（1994: 58）歸納了女性主義神學四種態度：

- 反對上帝的超越性，主張一個完全內在的（immanent）上帝。

- 以女性上帝取代男性上帝。

- 對現今我們完全稱之為上帝的那個高高在上的實在，進行語言結構反思。

- 對於有關整個實在的本性——不管叫上帝或世界——之前提予以再概念化。

在佛教方面，Gross（1993: 3-5）則結合跨文化比較宗教研究、女性主義以及佛學，通過歷史考察與概念分析，爲整個佛教重新定位（revalorization）。

以上的女性學與宗教學對話，相信有助於今後宗教的革新。

二、對女性的助益

倘若宗教學積極尋求同女性學對話，則不但對帶動宗教的發展有利，更可能對重塑女性的形象居功。由於宗教與科學，乃是兩種通過信念系統以增強對兩性刻板印象的制度。女性及其他弱勢族群，像女同志及男同志，如果能站出來大聲疾呼，在宗教團體內產生振聾啓瞶的效果，自然會對本身立場有所助益（Richmond-Abbott, 1992: 282-284）。

女性主義的觸角伸入宗教領域，促成宗教學與神學的深切反思，至少於四方面可以造福女性：

- 屬靈活動，包括女神崇拜。
- 性愛活動，包括女同性戀。
- 個人活動，包括身體展現。
- 體制活動，包括主持教團。

在屬靈活動方面，靈性可視爲一種成長與轉變的過程，

一種人類發展的有機和動態部分，可以同時發生在個人及社會層面，最常見於宗教生活中（King, 1993: 5）。歐美國家女性的屬靈活動，有些表現在女神崇拜上，此唯一女神可以是祈禱和儀式的對象，也可以是自然界生滅消長和人文界交流溝通的象徵，更可以是女性權力合法性與美善的象徵（King, 1987: 204-207）。

在性愛活動方面，女性主義追求情欲解放，已經從傳統基督宗教的異性戀模式中出走。這些行徑並未爲經書明示，已形成一處灰色地帶，卻讓人擁有更多的施展空間（Cahill, 1995: 6）。教會面對同志們要求被完全接納的呼聲，彷彿如刺在喉，左右爲難（Nugent & Gramick, 1989: 7）。欲解決此一困境，唯有對古代經書中有可能被曲解的文本，進行現代詮釋（Dynes & Donaldson, 1992: x-xi）。

在個人活動方面，後現代多元觀點下的身體意義，已大不同於現代二元觀點下的消極意義。宗教信仰搭配醫學科技，使得整全（holistic）的身心一體受到重視（Simpson, 1993: 159-160）。在過去二十五年間，學術界把身體視爲分析和文化批評的中心範疇，大大激勵了宗教學、女性學和性別學的研究（Cooey, 1994: 5）。

而在體制活動方面，今日女性已經有機會在社會上擔任領導者，把「他的故事」（history）改寫成「她的故事」

（herstory），但在宗教中這種情況仍進步緩慢（Holm, 1994: xiii）。改善之道一是在較自由的基督新教中，培養女性牧師。二是經由女性靈性運動，在男性傳統之外自立門戶，形成以女性爲中心的宗教團體（Neitz, 1993: 167, 175-176）。

　　總而言之，當女性學涉及宗教學的議題時，不可避免地會爲傳統中由男性主導的宗教活動帶來衝擊。這點無論對基督宗教、伊斯蘭教，或佛教都是一樣。一旦女性主義者試圖正本清源，把神學改寫成「女神學」（thealogy）時（Goldenberg, 1995: 146），宗教學和女性學的對話就變得十分迫切而重要了。

　　但是並非所有的情況都表現爲女性主義爲宗教領域帶來壓力。相反地，宗教觀點有時也可以爲女性主義論述的內部張力提供緩解良方。Klein（1994: 112-115）即從佛學的靈泉中汲取觀照（mindfulness）的智慧，解消了女性主義中強調內在自主的本質主義，與重視外在影響的後現代主義之間的對立。這無異是一種積極對話的範例。

結語：宗教理論與現代社會的互動關係

　　本篇嘗試從西方國家（主要是美國和英國）的文獻中，發掘出宗教學分別同科學學及女性學對話的可能議題。筆者假定宗教學呈現了宗教理論內甚具熱情的關懷，而科學學和

女性學則代表著現代社會中頗有意義的省思。彼此即使在紙上進行書面對話，也足以形成一種良性的互動關係，為我們的生活共同體引入一股靈泉，點燃一盞明燈。

經由宗教學與科學學及女性學具有倫理意涵的對話，筆者歸結出六項可以繼續探究的論述：靈性、基本教義主義、宗教學術、全球化、性愛、死亡。其中前三者關聯於宗教理論，後三者紮根在現代社會。筆者相信，對這些論述予以互動闡明，不但能激勵宗教學教育的落實和研究的精進，更有助於現代人心境的擴充和生命的提昇。以下即是對這六項論述的闡明。

「靈性」可以視為個體對自我心靈活動的反省，意識到有一股「精神」（spirit）的存在。這種精神性的能量或實體（entity）具有一個神秘的核心，彰顯出諸事萬物的神性泉源（divine source）。人們對靈性的肯定反映出自身的宗教感，而光有信仰卻看輕精神的人則不免陷入懷疑的泥淖（Evans, 1993: 1-3）。靈性有內斂的瞑思（contemplative）靈性和外爍的社會行動（social active）靈性之分，由於前者的反身而誠與後者的不平則鳴大異其趣，因而造成彼此的對立與張力（Evans, 1993: 221-230）。今日世界上各宗教一方面勸人為善一方面又大動干戈或為明證，但我們理當要努力的乃是調和這兩種靈性，使之相輔相成。

　　宗教彼此間以及宗教與世俗間的衝突與鬥爭，常導源於
個人和教團對基本教義的執著。「基本教義主義」在某些西
方觀察家看來，可說是共產主義式微後，僅存的跨世紀大
患。由於它對宗教教義的傳統性、保守性、正統性強烈堅
持，使其無法與現代社會的前瞻性、開放性、多元性相互呼
應，以至於斷喪了現代社會中的世界觀、家庭生活和教育系
統，並造成國家間政治、經濟和軍事的緊張關係（Marty &
Appleby, 1993a: 1-19）。改善之道唯有由非基本教義主義者
主持的國家或政府力量得以伸展，方能使基本教義主義不致
過度擴張（Marty & Appleby, 1993b: 620-648）。

　　「宗教學術」來自宗教研究（Study of religion），在西
方包括宗教學和基督宗教神學，在東方則可納入伊斯蘭教神
學、印度教神學、佛學、道教思想以及儒家學說。宗教學術
通過與科學的對話，尤其是將宗教史與科學史相提並論，將
可發現自然神學和自然科學的聯繫，或是道教思想與中國科
學技術的關係。在現代社會中，如果我們把自然神學在現代
生物學中加以復興（Olding, 1991: 117），則對生態保育觀念
的提倡不無裨益。至於一種對「無中生有」（creation ex
nihilo）主觀投入和客觀分析的比較神學之開展，或有助於東
西方宗教傳統共同基礎的考察（Neville, 1991: 1-7）。

　　拜資訊科技和傳播科技結合之賜，一個「全球化」的地

球村已然形成。全球化包括宗教傳統的普世化，以及世俗價值的後現代化。正當現代社會被捲入後現代浪潮中之時，普世宗教也踏著大步昂揚而來。全球化的普世宗教可以立基在超越的普世文化上，也可以產生於內在的特定文化中（Beyer, 1994: 10）。前者以基督宗教的普世化為代表，後者則可見諸人間佛教的興盛。然而在宗教普世化和世俗後現代化的接壤處，不免產生一些令人擔憂之勢。像西方傳播媒體在報導穆斯林活動時的負面評價，誤導世人視聽，就有損於伊斯蘭教形象（Ahmed, 1992: 222-223），值得警惕。

由於女性學與宗教學積極對話，以圖扭轉乾坤，世俗的「性愛」議題，也不得不令宗教界正視。根據性學（sexology）的考察，性愛在某些基督宗教傳統的思想內，被歸於人的獸性中而非人的神性中，僅止於一種必要的惡。這使得性倫理學排除了婚姻以外的各種性關係，清教徒尤其如此（Posner, 1992: 15-16）。然而時至今日，以清教徒後裔為主的美國人，甚至在女性主義的前提下大聲疾呼，以爭取墮胎、從娼的權利，並深入詮釋通姦在多元文化中的意義（Shrage, 1994: ix-xiii）。此外在學術圈，例如，心理學界，也有人通過知識／權力的考察，破解生物醫學模式下，女性性生理心理方面的神話（Nicolson, 1992: 67-70）。

最後談到「死亡」，這是宗教理論與現代社會共同的矚

目焦點。人都不免一死，面對死亡也許導致古老宗教緣起，但正視死亡無疑正是當代宗教的課題。可是各種宗教傳統乃是紮根於不同的文化脈絡中，透過考古學、人類學和現象學的探究，終將認清宗教與死亡的關係並非可以單純概化（generalisation）的。勉強概化的結果，也只能在東方和西方各主要宗教間，發現對自我與救贖（salvation）的信仰和想像，死亡於此被視為人生情境和宗教價值的必要部分（Bowker, 1991: 209-211）。或許正因為死亡無時無處地逼近我們，人生的存在感和宗教的神秘性方得以圓融匯合。

綜上所述，宗教理論與現代社會的互動關係，至少可以建立在靈性、基本教義主義、宗教學術、全球化、性愛以及死亡等六項論述上。對這些論述加以深入探討，足以構成宗教學教學與研究的主題。當我們站在宗教學的專業立場去貼近各種不同的宗教傳統時，我們會發覺這正是一種靈性的參與、生命的學問。

參考文獻

Ahmed, A. S. (1992). *Postmodernism and Islam: Predicament and promise*. London: Routledge.

Andersen, M. L. (1988). *Thinking about women: Sociological Perspectives on sex and gender* (2nd ed.). New York:

Macmillan.

Barbour, I. G. (1976). *Myths, models and paradigms: A comparative study in science and religion*. New York: Harper & Row.

Barnes, B., & Edge, D. (1982). *Science in context: Reading in the sociology of science*. Cambridge, Massachusetts: The MIT Press.

Batson, C. D., Schoenrade, P., & Ventis, W. L. (1993). *Religion and the individual: A social-psychological perspective*. New York: Oxford University Press.

Benhabib, S. (1995). Feminism and postmodernism: An uneasy alliance. In S. Benhabib, J. Butler, D. Cornell, & N. Fraser, *Feminist contentions: A philosophical exchange* (pp. 17-34). New York: Routledge.

Beyer, P. (1994). *Religion and globalization*. London: Sage.

Bowker, J. (1991). *The meaning of death*. Cambridge: Cambridge University Press.

Cahill, L. S. (1995). Sexual ethics: A feminist biblical perspective. *Interpretation: A Journal of Bible and Theology, 49*(1), 5-16.

Cooey, P. M. (1994). *Religious imagination and the body: A feminist analysis*. New York: Oxford University Press.

Dalai Lama (1993). Foreword. In D. Goleman & R. A. F. Thurman (Eds.), *MindScience: An east-west dialogue* (p. vii). Boston: Wisdom.

de Silva, P. (1991). Environmental ethics: A Buddhist perspective. In

C. W. Fu & S. A. Wawrytko (Eds.), *Buddhist ethics and modern society: An international symposium* (pp. 173-184). New York: Greenwood.

Dynes, W. R., & Donaldson, S. (Eds.). (1992). *Homosexuality and religion and philosophy*. New York: Garland.

Ernst, C. W. (1991). From philosophy of religion to history of religion. In H. Hewitt, Jr. (Ed.), *Problem in the philosophy of religion: Critical studies of the work of John Hick* (pp. 46-50). London: Macmillan.

Evans, D. (1993). *Spirituality and human nature*. Albany: State University of New York Press.

Fuller, S. (1989). *Philosophy of science and its discontents*. Boulder, Colorado: Westview.

Fuller, S. (1993). *Philosophy, rhetoric, and the end of knowledge: The coming of science and technology studies*. Madison: The University of Wisconsin Press.

Gellner, E. (1992). *Postmodernism, reason and religion*. London: Routledge.

Gholson, B., Shadish, W. R., Jr., Neimeyer, R. A., & Houts, A. C. (Eds.). (1989). *Psychology of science: Contributions to metascience*. Cambridge: Cambridge University Press.

Godlove, T. F., Jr. (1989). *Religion, interpretation, and diversity of belief: The framework model from Kant to Durkheim to Davidson*. Cambridge: Cambridge University Press.

Goldenbery, N. (1995). The return of the Goddess: Psychoanalytic reflections on the shift from theology to thealogy. In U. King (Ed.), *Religion and gender* (pp. 145-163). Oxford: Blackwell.

Habermas, J. (1988). *On the logic of the social sciences*. Cambridge: Polity.

Hastings, A. (1990). Pluralism: The relationship of theology to religious studies. In I. Hamnett (Ed.), *Religious pluralism and unbelief: Studies critical and comparative* (pp. 226-240). London: Routledge.

Holm, J. (1994). Introduction: Raising the issues. In J. Holm & J. Bowker (Eds.), *Women in Religion* (pp. xii-xxii). London: Pinter.

Houts, A. C. (1989). Contributions of the psychology of science to metascience: A call for explorers. In B. Gholson, W. R. Shadish, Jr., R. A. Neimeyer, & A. C. Houts (Eds.), *Psychology of science: Contributions to metascience* (pp. 47-88). Cambridge: Cambridge University Press.

Johnstone, R. L. (1992). *Religion in society: A sociology of religion* (4th ed.). Englewood Cliffs, New Jersey: Prentice Hall.

King, U. (1983). Historical and phenomenological approach to the study of religion: Some major developments and issues under debate since 1950. In F. Whaling (Ed.), *Contemporary approaches to the study of religion: The humanities* (pp. 29-164). Berlin: Mouton.

King, U. (1987). Goddesses, witches, androgyny and beyond? Feminism and the transformation of religious consciousness. In

U. King (Ed.), *Women in the world's religions, past and present* (pp. 201-218). New York: Paragon House.

King, U. (1993). *Women and spirituality: Voices of protest and promise* (2nd ed.). London: Macmillan.

King, U. (1995). Introduction: Gender and the study of religion. In U. King (Ed.), *Religion and gender* (pp. 1-38). Oxford: Blackwell.

Kuhn, T.S. (1977). *The essential tension: Selected studies in scientific tradition and change*. Chicago: The University of Chicago Press.

Küng, H. (1992). World religions and world ethos. *Universitas, 34*(2), 79-85.

Lawson, E. T., & McCauley, R. N. (1993). *Rethinking religion: Connecting cognition and culture*. Cambridge: Cambridge University Press.

Lewis, I. M. (1988). *Religion in context: Cults and charisma*. Cambridge: Cambridge University Press.

Losee, J. (1987). *Philosophy of science and historical enquiry*. Oxford: Oxford University Press.

Loy, D. (1991). Buddhism and money: The Repression of emptiness today. In C. W. Fu & S. A. Wawrytko (Eds.), *Buddhist ethics and modern society: An international Symposium* (pp. 297-312). New York: Greenwood.

Lynch, M. (1993). *Scientific practice and ordinary action: Ethnomethodology and social studies of science*. Cambridge: Cambridge University Press.

Mann, P. S. (1994). *Micro-politics: Agency in a postfeminist era*. Minneapolis: University of Minnesota Press.

Marty, M. E., & Appleby, R. S. (Eds.). (1993a). *Fundamentalisms and society: Reclaiming the science, the family and education*. Chicago: The University of Chicago Press.

Marty, M. E., & Appleby, R. S. (Eds.). (1993b). *Fundamentalisms and the state: Remaking polities, economies and militance*. Chicago: The University of Chicago Press.

Masters, K. S., & Bergin, A. E. (1992). Religious orientation and mental health. In J. F. Schumaker (Ed.), *Religion and mental health* (pp. 221-232). New York: Oxford University Press.

Meadow, M. J., & Kahoe, R. D. (1984). *Psychology of religion: Religion in individual lives*. New York: Harper & Row.

Mettanando Bhikkhu (1991). Buddhist Ethics in the practice of medicine. In C. W. Fu & S. A. Wawrytko (Eds.), *Buddhist ethics and modern society: An international symposium* (pp. 195-213). New York: Greenwood.

Midgley, M. (1986). *Evolution as a religion: Strange hopes and stranger fears*. London: Methuen.

Neitz, M. J. (1993). Inequality and difference: Feminist research in the sociology of religion. In W. H. Swatos, Jr. (Ed.), *A future for religion? : New paradigms for social analysis* (pp. 165-184). Newbury Park, California: Sage.

Neville, R. C. (1991). *Behind the masks of God: An essay toward comparative theology*. Albany: State University of New York

Press.

Nicolson, P. (1992). Feminism and academic psychology: Toward a psychology of women? In K. Campbell (Ed.), *Critical feminism: Argument in the disciplines* (pp. 53-82). Buckingham: Open University Press.

Nugent, R., & Gramick, J. (1989). Homosexuality: Protestant, Catholic, and Jewish issue; a fishbone tale. In R. Hasbany (Ed.), *Homosexuality and religion* (pp. 7-46). New York: Haworth.

Olding, A. (1991). *Modern biology and natural theology*. London: Routledge.

Ormiston, G. L., & Sassower, R. (1989). *Narrative experiments: The discursive authority of science and technology*. Minneapolis: University of Minnesota Press.

Ostovich, S. T. (1990). *Reason in history: Theology and science as community activities*. Atlanta: Scholars.

Pannenberg, W. (1976). *Theology and the philosophy of science*. London: Darton, Longman & Todd.

Peterson, M., Hasker, W., Reichenbach, B., & Basinger, D. (1991). *Reason and religious belief: An introduction to the philosophy of religion*. New York: Oxford University Press.

Posner, R. A. (1992). *Sex and reason*. Cambridge, Massachusetts: Harvard University Press.

Radnitzky, G. (1973). *Contemporary schools of metascience* (2nd rev. ed.). Chicago: Henry Regnery.

Reese, W. L. (1983). *Dictionary of philosophy and religion: Eastern and western thought*. Atlantic Highlands, New Jersey: Humanities.

Richmond-Abbott, M. (1992). *Masculine and feminine: Gender roles over the life cycle* (2nd ed.). New York: McGraw-Hill.

Rouse, J. (1987). *Knowledge and power: Toward a political philosophy of science*. Ithaca: Cornell University Press.

Ruth, S. (1990). *Issues in feminism: An introduction to women's studies* (2nd ed.). Mountain View, California: Mayfield.

Shadish, W. R., Jr., Houts, A. C., Gholson, B., & Neimeyer, R. A. (1989). The psychology of science: An introduction. In B. Gholson, W. R. Shadish, Jr., R. A. Neimeyer, & A. C. Houts (Eds.), *Psychology of science: Contributions to metascience* (pp. 1-16). Cambridge: Cambridge University Press.

Shrage, L. (1994). *Moral dilemmas of feminism: Prostitution, adultery, and abortion*. New York: Routledge.

Siebert, R. J. (1985). *The critical theory of religion: The Frankfurt School: From universal pragmatic to political theology*. Berlin: Mouton.

Simpson, J. H. (1993). Religion and the body: Sociological themes and prospects. In W. H. Swatos, Jr. (Ed.), *A future for religion? : New paradigms for social analysis* (pp. 149-164). Newbury Park, California: Sage.

Smart, N. (1991). *The religious experience* (4th ed.). New York: Macmillan.

Smith, J. I. (1993). Globalization as ecumenical / interfaith dialogue.

In A. F. Evans, R. A. Evans, & D. A. Roozen (Eds.), *The globalization of theological education* (pp. 90-103). Maryknoll, New York: Orbis.

Smith, S. G. (1992). *Gender thinking*. Philadelphia: Temple University Press.

Tong, R. (1993). *Feminine and feminist ethics*. Belmont, California: Wadsworth.

Webster, A. (1991). *Science, technology and society: New directions*. London: Macmillan.

Weedon, C. (1993). *Feminist practice and poststructuralist theory*. Oxford: Blackwell.

Whaling, F. (1983). Introduction: The contrast between the classical and contemporary periods in the study of religion. In F. Whaling (Ed.), *Contemporary approaches to the study of religion: The humanities* (pp. 1-28). Berlin: Mouton.

Whaling, F. (1985). Introduction. In F. Whaling (Ed.), *Contemporary approaches to study of religion: The social sciences* (pp. 1-19). Berlin: Mouton.

Woolgar, S. (1989). *Science: The very idea*. London: Routledge.

Yandell, K. E. (1993). *The epistemology of religious experience*. Cambridge: Cambridge University Press.

Zikmund, B. B. (1993). Forewords. In A. F. Evans, R. A. Evans, & D. A. Roozen (Eds.), *The Globalization of theological education* (pp. xv-xvii). Maryknoll, New York: Orbis.

國家圖書館出版品預行編目資料

生命教育：倫理與科學/鈕則誠著. -- 初版.
-- 臺北市：揚智文化, 2004[民 93]
面； 公分
ISBN 957-818-596-0（平裝）

1.生命教育

528.59   92023070

生命教育——倫理與科學

著　　者／鈕則誠
出 版 者／揚智文化事業股份有限公司
發 行 人／葉忠賢
總 編 輯／林新倫
執行編輯／吳曉芳
登 記 證／局版北市業字第 1117 號
地　　址／台北市新生南路三段 88 號 5 樓之 6
電　　話／(02)2366-0309
傳　　真／(02)2366-0310
郵撥帳號／19735365 戶名：葉忠賢
印　　刷／偉勵印刷事業股份有限公司
法律顧問／北辰著作權事務所　蕭雄淋律師
初版一刷／2004 年 2 月
定　　價／300 元
I S B N：957-818-596-0
✉E-mail：service@ycrc.com.tw
網址：http://www.ycrc.com.tw